古代の風景へ

千田 稔

東方出版

◆目次

第一章　周濠と聖水──卑弥呼

奈良県桜井市から天理市へと続く、山の辺の道の風景は、そののどやかさのために人を古代への憧憬に導いてしまい、大和王権の誕生の地であることをわすれさせてしまう。私はこのあたりの風景に遊ぶよりは、初期王権に対して身構えしたくなることさえある。研究者の多くは、山の辺の道の風景を歴史の道筋に引き寄せようとするのは当然だが、私は殺伐とした権力争奪のイメージを抱いてしまう。だが、それは私にとって、「日本」誕生の地にいるという幸せでもある。

風景を歩くことは、歴史のイメージを発見することかもしれない。卑弥呼の墓ではないかという説がある箸墓のあたりにたたずみながら、ふと、気づいた。それは、箸墓の周濠に水を注いでいるのは、巻向川ではないかと。聖なる巻向山から流れる川が、箸墓の濠に水を満たすというならば、この墳墓は巻向山と結びつくのであって、三輪山ではない。三輪山と巻向山が並んであるため、その山麓は同じ勢力圏のようにみなされ、三輪王権などという言葉のもとに一括りに扱われてきた。そうではなく、巻向山と三輪山の山麓では、権力をめぐる緊張した対立関係があったと、みることはできないだろうか。

穴磯邑

おおやまと（大和）という地名が後の大和国の「やまと」となったとすることは説明するまでもない。小地域名が、それを含む上位の大地名となった事例は少なくない。例えば河内国河内郡、和泉国和泉郡あるいは出雲国出雲郡出雲郷などをあげることができる。

律令制の大和国大和郷は城下《しきのしも》郡に属する。城下郡は今日の奈良県磯城郡（田原本町・川西町・三宅町）一帯であるが、そのあたりが本来の「おおやまと」の中心地であったかどうかは疑わしい。

伊達宗泰は「おおやまと」の範囲を三輪山から北の巻向山にのびる盆地南東の山の麓に流下する初瀬川と寺川・飛鳥川の水支配地（水がかり）とみなしている。この推定は基本的に従ってよいと思われるが、その年代的限定あるいは「おおやまと」の範囲の時代的変遷など検討すべき課題は当然ある。先にあげた大和国の「大和郷」が初瀬川の中流域の城

◀おおやまと古墳群（国土地理院の空中写真〈1961年撮影〉より）

卍長岳寺
崇神天皇陵古墳
景行天皇陵古墳
穴師
巻向川
ホケノ山古墳
箸墓古墳

下郡の郷名であることも当初の「おおやまと」の中心地であるとするには以下の考証によって示すように問題が残る。

「おおやまと」とよばれた土地の原地域を知る手がかりは、大和神社のもともとの位置に求めるのが一つの方法であろう。『日本書紀』崇神天皇条に、倭大国魂神《やまとのおおくにたまのかみ》を宮殿にまつったが、神威をおそれて渟名城入姫命《ぬなきいりひめのみこと》にまつらせた。ところが姫は衰弱し、国中に疫病が広まってしまった。そこで市磯長尾市《いちしのながおいち》を祭主としたところ、国内に蔓延していた病気がおさまったとある。『日本書紀』の垂仁天皇二十五年三月十日条にも類似の記事があるが、倭大国魂神の神地を「穴磯邑《あなしのむら》」に定めて「大市の長岡岬」に渟名城稚姫命にまつらせたとある。

『日本書紀』の伝承によれば、倭大国魂神は「穴磯邑の大市の長岡岬」に創祀されたということになる。倭の大国魂という「倭」の神がまつられたという「穴磯邑の大市の長岡岬」こそ「倭」つまり「おおやまと」とよばれる土地の宗教的な象徴的場所であったと考えられる。「穴磯邑」は現在「穴師」という地名を桜井市に伝えている。巻向山から流下する巻向川のほとりである。一方「長岡岬」は天理市柳本町の長岳寺という寺院が立地する付近が旧長岡村とよばれたことからおおよその位置が比定できる。「岬」というのは、現在の日本語では海に向かって突き出す半島の尖端の地形を指していうが、もともとの意味は「ミ＋サキ」であって、尊いあるいは神々しいということを示す「ミ」に先端の「サキ」が合成した「神のとりつく先」のことと解してよい。それは「ミチ」（道）が「ミ＋チ」で「神の通路」であることにも通じる。また「大市の長岡岬」の「大市」は城上郡大市郷にその名がみえ箸墓の地である。このあたり一帯は、纏向《まきむく》遺跡のあることで、よく知られているが、「□市」と墨書された七世紀代の土器片が出土したことも「大市」との関連性と同時にこの地の重要性を示唆する。

さて、具体的に地図によってみると、長岳寺（長岡岬）と穴師（穴磯）との距離は南北三キロばかりある。これは『日本書紀』の表記の「穴磯邑」の「邑」という文字がどのような範囲を占めるものであったかということを知らねばならない。さらに箸墓のある「大市」も「穴磯邑」に含めて考えてよいであろう。「邑」という区画について、ここで詳しく吟味する余裕はないが、これを今日の日本語がいう「ムラ」＝「村」と同義としなければならない理由はない。かなり広い範囲をさして使われたのか、あるいは、「都邑」という意味であったかもしれない。記紀の「邑」の用法については、日本の実態と漢字の表記との関連から厳密な考証が必要ではあるが、ここでは、右に示したような仮定が許されるならば「穴磯邑」は、現在の桜井市穴師から天理市柳本町の長岳寺、そして箸墓付近までを含み、かつ「大市」という都市的集落を含む地域であったという想定も可能であろう。

先にみたように「穴磯邑」こそ「おおやまと」ではなかったかということについて、その理由について説明をくりかえすようになるが、「穴磯邑」に「おおやまと」の象徴としての倭大国魂神がまつられたからである。だとすれば「穴磯」という土地こそが「おおやまと」の中核的位置を占めていたのではないかと考えられる。

地図によってその位置を示すように「穴磯」という地名を今日に伝える桜井市「穴師」の集落は巻向川が谷口に出る付近に立地する。つまり巻向川とさらにその水源の巻向山と穴師は何らかの関係があると考えねばならない。さらには、「穴磯邑」という地理的範囲は巻向川による扇状地とその末端地域を領域的な範囲としていたと考えられる。

以上のようなことから考えると「おおやまと」は、三輪山との地理的な関係はうすく、その北東方にそびえる巻向山と結ばれた地域空間とのつながりから解き明かさねばならないという想定を導く。ここで提起した視点は、極めて重要であって、小文は、初期大和王権の宗教的環境を三輪山のみに限定して説明しようとする従来の王権論の呪縛から解き放す試みである。

「おおやまと」の「やま」

「おおやまと」の「オオ」は賛美の意味をこめた美称とすれば「ヤマト」に本質的な意

味があるのだが、「やまと」の「ヤマ」は「山」で「ト」は「門」か「処」であろう。ここにいう「山」は、右に問題を提起したように三輪山のことと考えるよりは、巻向山に比重をかけた大和の東山を指していると考えるのが自然である。それに関係する地名として「山辺郡《やまのべ》」に注意したい。「山辺」は文字通り「山のあたり」ということであろうが、その「山」も大和の東山のことで、「やまと」の「山」に通じるものである。

ここまでみてきたように「おおやまと」と地域を形成したのは巻向川である可能性が高い。一般に考古学によってひとまとまりとされる「おおやまと（大和）古墳群」は天理市新泉にある大和神社の呼称によるものであるが、この神社は先に述べた『日本書紀』伝承から推量して遷座したものと思われる。したがって私は「おおやまと」の範囲を巻向川流域に限定して考えてみたい。

巻向山と巻向川

古代の地域を一定の河川の水支配地から読み解こうとする伊達宗泰の見解について、河道が一定していない古代において現在の河川を対象とすることに異論をとなえるむきがある。しかし近代の築堤によって河川はほぼ河筋を固定して、安定しているとはいえ、歴史

巻向川（桜井市箸中）

時代にさかのぼっては網流していたことは容易に想像できる。水田農耕の基盤が河川であったことを前提とすれば、今日の河川の水がかりをもって水支配地域＝政治的領域とみなしても過去のそれと大差はないとして根本的な誤りはないと考えてよい。発掘等によって旧河道が明らかになればそれにしたがえばよく、おそらく微調整の範囲におさまるであろう。

巻向川は初瀬川の支流で、現在は桜井市大泉付近で合するが、古代において築堤技術が充分でなかったことを考えると主流となる河川はあったとしても巻向川が網流し、扇状地を形成していた可能性は高い。纏向遺跡と纏向古墳群はこのような土地条件の中で形づくられたものと想定すること

巻向山

ができよう。

　冒頭に記したように巻向川の水が聖なる水として潤す空間とかかわった王権に、私は関心をもってみたい。

兵主とアメノヒボコ

　もし巻向川がこの地域の形成に主要な役割を果たしたとすれば、その水源の巻向山は宗教的意味が託されたと察することができる。このように考えると巻向山に関連する神社は穴師の兵主《ひょうず》神社しか今のところ思いあたらない。そこで、この兵主神社に注目してみたい。もともと巻向山の頂上に兵主神社（上社）が、麓の穴師に大兵主神社（下社）があったのだが今日では下社を兵主神社とし、大兵主神社を末社としてまつっている。

「兵主」の神とは中国の司馬遷が著した『史記』にみられる山東半島の八神の一つである。これがいつ、どのような経緯で日本に渡来したかについては明らかにしえない部分があるが、壱岐、丹波、三河、近江、大和、但馬、播磨、和泉の諸国に式内社としてある。それにしても、兵主という名が記紀に見えないのが不思議であるが、記紀に記されるアメノヒボコ伝承がこの兵主のことであるという説はかつてよりある。この説は根拠がないわけではない。『釈日本紀』に引く応永二十九年（一四二二）の「大倭神社注進状」の裏書に上社の神体は「日矛」であると書かれていること、『播磨国風土記』のアメノヒボコ伝承の記事と兵主神社の分布が重なることなどをあげることができる。「兵主」とは兵器の製作をつかさどる神のことで「ヒボコ」の「矛」も兵器であるので、その名からも関連性をうかがうことができる。

アメノヒボコ伝承は『日本書紀』垂仁条や『古事記』応仁段に記され、その内容にいささかくいちがいがあるが、基本的には新羅の王子であるということである。それは個人の渡来をいうものではなく、アメノヒボコという名でもって新羅からの渡来集団を象徴的に表現したものである。

そこで問題となるのは渡来の年代である。従来新羅から渡来した雄族である秦氏がもたらした宗教とむすびつけようとする見解があった。

その代表的な説は内藤湖南による。氏は巻向山のことを「弓月《ゆつき》が嶽（弓月高）」と万葉歌（巻七―一〇八八）によまれていることに注目した。弓月岳の「弓月」は応神紀に新羅から秦氏の集団を率いて渡来した弓月君に通じるからである。私もこの説にしたがってきたし、今もそれを全面的に否定しない。しかし問題点もないこともない。それは「弓月岳」の「弓月」を「斎槻」と解してはどうかという反論がある点である。たしかに、別の一首（巻七―一〇八七）には「由槻が嶽（由槻我高）」とある。これについては、関心を示さねばならない指摘である。ただ、いささか疑問をさしはさむとすれば、なぜ万葉歌の表記にわざわざ「弓月」という表記を用いたのかということである。そのような観点からみれば内藤説は魅力的である。しかし内藤説にも検討の余地が残されている。つまり「弓月が嶽」の名称が弓月君と秦氏集団の渡来によるものとしても、兵主神社の鎮座した年代との関係は説明できない。内藤説は「弓月が嶽」と「兵主神社」の分布論的一致によったにすぎない。とすれば、あらためて「弓月が嶽」という名称にこだわらず兵主神社のみを対象として考えるのが手順としてはよいであろう。

そこで兵主の神とアメノヒボコが同一神とすれば、史料では兵主神については『延喜式』にしかないのだからアメノヒボコに焦点をあてねばならない。そのことについては、すでに拙著『王権の海』（角川書店、一九九八年）にだいたいの見通しについて書いたので、ここではその要約的なことを書いておくことにしたい。

アメノヒボコと鏡

記紀のアメノヒボコの渡来についての記事は、内容的には一致しないとしても将来品の数々があげられている。その中で私が注目したのは『古事記』応神段の「奥津鏡《おきつかがみ》」と「辺《へ》津鏡《つかがみ》」である。いったい「奥」と「辺」の組みあわせを鏡の名とするのはどのような意味があるのか、よくわからない。憶測すれば海の沖合いと岸辺ではないかとも思われ、海洋民的信仰の道具であることを思わせる。アメノヒボコ将来品の中には、同じく応神段に浪振る比礼《ひれ》、浪切る比礼、風振る比礼、風切る比礼（比礼とは肩にかける布で呪術に用いる）とあり、風や波が船の航行に都合のよいようにできる呪いの用具である。ところでアメノヒボコがもたらした「奥津鏡」と「辺津鏡」と同じよび方をする鏡がそれぞれ一面ずつ京都府宮津市の籠神社《このじんじゃ》に所蔵されている。

そこで、重ねて一つの仮定を設定することになるのだが、アメノヒボコが将来した鏡が、籠神社の系統の鏡だとすれば、同神社所蔵鏡からアメノヒボコ渡来年代についておおまかな想定ができる。

籠神社に蔵されている鏡の一つで息津鏡《おきつかがみ》と称されているのは「長宜子孫内行花文鏡《ちょうぎしそんないこうかもんきょう》」で、辺津鏡といわれているのは「内行花文昭明鏡《ないこうかもんしょうめいきょう》」である。前者は後漢（二五―二二〇）、後者は前漢の（前二〇二―後八）の製作とされる。いずれも中国漢代の鏡であるが、息津鏡にあてられている鏡は弥生Ⅴ期の初期に、瀬戸内から畿内にかけて多数分布するもので、北九州に続いて畿内・瀬戸内に鉄器が普及し、石器が急激に減少する時期に相当するといわれる。九州地方では弥生中期ごろから鉄剣・鉄製・大刀・刀子・鉄戈《てつほこ》などが出現し、それが次第に畿内へと分布を広げていくプロセスを考えればよいのではないか。

アメノヒボコの侵攻

アメノヒボコ集団の移動についても記紀の伝承記事によって異なる。『古事記』応神段では新羅から日本に逃げた妻のアカルヒメの後を追ってアメノヒボコは難波《なにわ》にやってくるが、渡の神にさえぎられて入ることができず、引き返して但馬国に留まったとする。『日本書紀』垂仁条では播磨国から宇治川をさかのぼり、近江国の吾名邑に入って、その後、若狭国を経て但馬国に住みかを定めたと記す。いったいアメノヒボコが定住したという但馬とはどのような意味をもつのだろうか。それについては後に述べてみたい。

アメノヒボコについては『播磨国風土記』にも、播磨の土着神であるイワ神との間で、土地占拠にまつわる争いの記事がある。イワ神のみならず宍禾《しさわ》郡条にはアシハラノシコオノミコトとの戦いについても書かれている。これらの記述は渡来系のアメノヒボコ集団と土着のアシハラノシコオノミコトが象徴するように出雲系（土着系）との争乱をあらわしたものと筆者は解釈した。この争乱こそ、鉄器をたずさえたアメノヒボコ集団の侵攻であり、「魏志倭人伝」にいう「倭国の乱」のことではないだろうか。『後漢書』には、この乱は桓帝《かんてい》と霊帝《れいてい》の間（一四七―一八八）に、おこったと記している。おそらく乱は二世紀末のことであろう。アメノヒボコ集団が渡来し、土着集団と対峙するのが中国の後漢の頃とすれば漢代に製作された鏡もその前後に、倭にもたらされたとしてよく、先にみた籠神社所蔵鏡についての解釈と矛盾はしない。

オオモノヌシとアメノヒボコ

『日本書紀』垂仁三年三月条の一説に三輪君《みわきみ》の祖大友主《おやおおともぬし》と倭直《やまとのあたい》の祖長尾市《ながおち》を播磨のアメノヒボコのもとに遣わせたときに、アメノヒボコは将来物を天皇に献上したと記している。この記事の文脈は理解しにくく、かつ謎めいている。なぜ「やまと」から播磨のアメノヒボコのもとに遣使をさしだす必要があったのかわかりにくい。察するにアメノヒボコ集団の勢力があなどれないほど大きいものであったのではないかと思われる。さらにこの記事はアメノヒボコ集団が「やまと」に対抗しつつあったことをも暗示している。そうでなければ「やまと」の遣使に天皇への献上品を手渡すという対等的な外交関係がありえないからだ。そのようなことを想定しうるのは次のような理由による。「やまと」から播磨のアメノヒボコのもとに派遣された者がアメノヒボコに「播磨の宍粟邑《しさわのむら》と淡路島の出浅邑《いでさのむら》に好きなように住むがよい」という天皇の詔を伝えたにもかかわらず、アメノヒボコは「自分の気にいったところに行きたい」と言って宇治川から近江に行き、若狭を経て但馬に居を定めた」とあるが、「原やまと（邪馬台国成立以前のおおやまと地域）」側はアメノヒボコを播磨と淡路に封じ込めようとしているが、アメノヒボコはそれを拒否できる勢力をもっていたと思われる。つまり、アメノヒボコと出雲系との対立は、「原やまと」の土着系である三輪君や倭直との対立とも同じ状況を示していると考えられるからである。詳しいアメノヒボコ集団の動向についてはよくわからないが、桜井市穴師の大兵主神社の存在から推測して「原やまと」に向かってこの集団の侵入があったと考えられる。「原やまと」には出雲系の「オオモノヌシ」を三輪山に祭礼する先住集団があった。アメノヒボコ集団は、先住集団が支配下においていた初瀬川の主流を争奪するためにまず支流の巻向川の水系に進出した。このことが巻向山を神体とする兵主の神の創祀であろう。各地の兵主神社の中で、ここのみ「大」という文字を冠していることは、アメノヒボコ集団の「原やまと」侵攻の記念すべき場所であったとも想定できる。

アメノヒボコ集団から「おおやまと」の地域の古墳をみると、いわゆる「纏向《まきむく》古墳群」が箸墓古墳などを中心として巻向川水系に関わっていることがよみとれる。そして三輪山の山麓に古墳がみられないことと、きわだった分布関係を示している。三輪山が神山であるから、その山麓一帯に墳墓が造られなかったという解釈もあるが、それにしては「纏向古墳群」は巻向川水系との立地関係が強く土地に表現されている。

最近発掘調査されたホケノ山古墳の調査結果はさまざまなことを語りかけている。全長八十メートル、後円部径五十五メートルで南東部に短小な前方部を向け、箸墓古墳に近い位置に立地する。調査担当者の所見によれば年代的には庄内式土器や画文帯神獣鏡・内行花文鏡の副葬品から三世紀中ごろの築造という。とりわけ銅鏡が漢式鏡であることは未だ魏（二二〇—二六五）との関わりがない時期にもたらされたものであろう。これらの鏡と三角縁神獣鏡との関連について、多くの議論がたたかわされることになるが、私が想定したようにアメノヒボコ集団が後漢の頃に渡来したと考えてよいならば漢式鏡の副葬はありうるであろう。そして倭国大乱の後、女王卑弥呼が推戴され、やがて出雲系勢力の象徴であった三輪山の祭祀を掌中に入れていくという歴史的経緯を私は思い描いている。

私は倭国大乱から卑弥呼による統治にいたる宗教的変革の時代を「青銅器の王朝」から「鏡の王朝」への転換として位置づけた。銅剣や銅矛、銅鐸などの青銅器を祭器とするのが出雲系の神々の信仰であるのに対して、鏡は渡来系のアメノヒボコ集団がもたらした祭器である。すでに述べたように「原やまと」には三輪山の周辺には出雲系のオオモノヌシ信仰の集団が勢力をもっていた。そこに侵入してくるのが、アメノヒボコ集団にほかならない。西日本各地にも事例の報告があるが、新しい段階に属する銅鐸の断片が発見されているのは、「青銅器の王朝」の終焉を物語るのではないか。纏向遺跡からも銅鐸の飾耳が見つかっている。

この時代の転換期をこのように理解すれば、先にふれたアメノヒボコの定住した但馬とは、どのような意味をもった地域なのだろうか。筆者は「魏志倭人伝」に「南して投馬国に至るには水行二十日」とある「投馬国」こそ但馬のことではないかと、とりあえずの推論を提示しておきたい。纏向日代宮《まきむくのひじろのみや》にいたと伝える垂仁天皇に仕えたのが田道間守《たじまのもり》と垂仁紀にあることも、纏向と但馬のつながりを想定する一つのよりどころとなるかもしれない。

以上のような「おおやまと」の宗教的環境についての私の仮説がある程度の史実性をもつためには但馬の古墳との関係を発掘調査によって比較することが期待される。

第二章　孤高という存在感——厩戸皇子

私は、数え切れないほど、何度も斑鳩のあたりを歩いた。もちろん飛鳥も歩いた。今も歩き続けている。飛鳥時代と近代の歴史の類似的な断面を見極めたいためでもあった。どこが、類似するかと、人は問うかもしれない。類似とは、まったく同じであるという意味ではない。飛鳥の時代も近代の東京も、海の彼方の文化を取り入れそれを巧みに日本という風土にとけ込ませたという点では類似している。しかし、古代の飛鳥は、思想としての仏教を基盤として風景をつくりあげたが、近代の東京にはヨーロッパのキリスト教に対する関心はほとんどなかった。だから、たとえば法隆寺という建築と、日本の近代都市の商業ビルをくらべてみると、その風景の存在感が歴然とちがうことは、誰の目にも明らかなはずだ。

聖徳太子が、仏教にみずからの思想的拠点を見いだそうとしたのは、内なる精神を凝視することであったとともに、若い国家の支柱を求めるためであった。

　聖徳太子はいなかったなどという論考が、近年何かと話題にのぼる。聖徳太子という名がいつごろから使われたかは明らかでないにしても、厩戸皇子《うまやとのみこ》あるいは厩戸豊聡耳皇子《うまやとのとよとみみおうじ》は実在の人物であるとみてよい。なぜならば、実在しなかったら、後世の「聖徳太子信仰」の由来すら説明できない。まったく架空の人物が、『日本書紀』で神格化されて語られることは、ありえない。いまさらいうまでもないが、「聖徳」という呼び方は、たしかに、人々の崇敬の念が作り上げた名前の響きがある。太子没後につけられた可能性も視野に入れておいてよい。

　私が、厩戸皇子についての『日本書紀』の記事に注目していることは三点である。一つはなぜ飛鳥ではなく、斑鳩に宮をおいたかということ。二番目は十七条憲法を作成した意図、そして三番目は対新羅外交である。そのことが、すべて事実であるという確証がないとしても、信仰的次元に導いた要素として当時の人々に信じられていたからこそ『日本書紀』の編者がとりあげたのであろう。

斑鳩の宮

厩戸皇子について語るためには、どうしても系図的なことにふれておかねばならない。欽明天皇に妃を入れて、勢力の拡大をねらった蘇我稲目は欽明天皇に二人の娘をいれた。一人は堅塩媛《きたし》、もう一人は小姉君《おあねのきみ》である。聖徳太子の父、用明天皇と、女帝推古は、欽明と堅塩媛との間に生まれたが、聖徳太子の母、穴穂部間人皇女は、欽明と小姉君を父母とする。聖徳太子の不幸（それは世俗的な不幸というべきかもしれないが）は、小姉君にかかわる人々——崇峻天皇や穴穂部皇子ら——が、蘇我氏本宗家に刃向かってきたことに由来すると私は考える。血統ということからみれば、聖徳太子にも、反蘇我本宗家の血がながれている。それは、無視できない事実とみてよいであろう。

蘇我馬子は、東漢《やまとのあや》氏をして、崇峻天皇を殺害するという暴挙を敢行し、その後に少なくとも記紀によるかぎり、わが国で最初の女帝推古をたてた。そして『日本書紀』には厩戸皇子を摂政としたとある。村井康彦によれば、当時の不文律的な理解では、即位の年齢は三十歳以上という。これに照らせば、推古が即位した五九三年、聖徳太子はまだ、二十歳にも達していなかったから即位の条件が備わっていなかったといえる。

だが、聖徳太子は、推古女帝が実現した時点で、みずからの天皇位はないものと悟ったと思われる。それは右にみた血の論理で蘇我氏によって、後継の天皇が決められていくことを見抜いたからである。もし蘇我本宗家が聖徳太子を天皇にたてる意志をもつならば、聖徳太子が三十歳になったときに、女帝推古は禅譲ということもできたはずである。しかし、『日本書紀』の記事からはその気配すら感じることができない。

厩戸皇子は、誕生以来慣れ親しんだ上宮《かみつみや》（奈良県桜井市）から、斑鳩に宮を遷したのは、政争の渦巻く飛鳥を避けたからであると、私は思う。あるいは、自己主張と他人への攻撃に明け暮れる愚者たちの集団から距離をおこうとしたのであろう。飛鳥にいる必要はほとんどなかったのではないか。斑鳩で仏教に帰依していく厩戸皇子にとって、信じるべきものは仏以外になかった。

もし、『日本書紀』の年代に史実性があるとすれば、厩戸皇子が斑鳩宮の造営を始めたのが推古九年（六〇一）で、居住したのが推古十三年（六〇五）、三十二歳ころの年である。それは、蘇我本宗家におもねることをよしとしない意志表示であったとみないわけにはいかない。

斑鳩宮は、現在の夢殿あたりにあった。かつて夢殿周辺の発掘調査で遺構が検出されたが、建物の方位が真北より西に約二十度ふっていた。今日でも、現在の法隆寺のある西院伽藍と夢殿のある東院伽藍の間を走る道が、真北より約二十度西に傾いているので、飛鳥

法隆寺周辺（国土地理院の空中写真より）

時代の地割を伝えたものであろう。法隆寺周辺の地図を詳細に検討すると、この方位にしたがった道や水路があることに気づく。斑鳩宮の造営に合わせて施された土地区画で、都市計画が意図されていたと思われる。厩戸皇子が法華経を講説した岡本宮の伝承地は現法起寺とされているが、この宮も都市計画のなかに組み込まれていたにちがいない。

斑鳩宮とともに斑鳩寺もつくられたが、『日本書紀』によると天智九年（六七〇）に火災に見舞われたとある。その場所は、西院伽藍の子院普門院にある若草伽藍と呼ばれたと伝わる塔の心礎によって知られる。

現法隆寺と若草伽藍との関係について、

法起寺（伝岡本宮跡）

◀若草伽藍心礎（撮影・入江泰吉、入江泰吉記念奈良市写真美術館蔵）

法隆寺

『日本書紀』の火災記事から、現法隆寺を天智朝の火災後の再建とする見解と、もともと現法隆寺の金堂が斉明朝ころに創建斑鳩寺の北方に建立され、火災をまぬがれたとする説がある。ただ、最近の調査で若草伽藍のものとみられる壁画片がみつかり、高温にさらされた痕跡も確認されているので、創建斑鳩寺の焼失は事実としてよいであろう。

法隆寺再建・非再建の論争は最近では年輪年代学のデータによって再燃しつつある。より詳細な調査結果によって再考を迫られるであろう。私の年来の疑問は、現法隆寺の施主は誰かということである。『日本書紀』は、それについて触れていない。

十七条憲法

よく知られている「聖徳太子の十七条憲法」も、もし『日本書紀』の年代に信用をおくことができるとすれば、作成されたのは斑鳩宮に遷る前年、三十一歳の時である。十七条憲法の占めた位置については、諸説あるが、坂本太郎によれば、訓誡的な所があっても、立国の根本原理、為政の基本精神を明確に打ち出しており、これを法とみなすのに何の支障もないという。

国家の法としての意味が十七条憲法にあるとすれば、厩戸皇子は三十一歳のときに、つまり本来ならば年齢の上では、皇位につく条件を有したとき、国家の理念というべき法を推古天皇の下で作ったということになろう。だが、厩戸皇子が大王位につくことができるような政治環境ではなかったという判断をみずから下して、国家の大方針を提示して、斑鳩宮に退いたのではあるまいか。それは、政治に関わる権力志向の輩たちから訣別することであったと、理解することもできよう。

十七条憲法に、法としての性格をよみとることができるならば、憲法の用語についての出典を考証すること、あるいは、そこから憲法の、ひいては厩戸皇子の思想性を拾い上げようとする試みは、決して意義のないものではない。法と思想は密接な関係をもつことはいうまでもない。しかし、いつの時代も、法が現実と無縁であることもない。むしろ十七条憲法には六世紀末から七世紀初頭の政治的・社会的状況が投影されている面を見落とすことはできない。その点において、私が『日本書紀』にしたがって十七条憲法が成立した年代にこだわっている理由でもある。

憲法の大原則は、よく知られている「一に曰く、和を以て貴しとし、忤《さか》ふことなきを宗とせよ。人みな党《たむら》あり。亦達《さと》れるもの少し。ここをもつて、或は君父に順《したが》はず、また郷里に違ふ。然れども上《かみ》和らぎ、下《しも》睦びて、事を論《あげつ》らふに諧《かな》ふときは、事理自《おのずか》らに通ず。何事にか成らざらん」（訓読は坂本太郎による。以下も同じ）という条文である。

憲法で「和」を強調しなければならなかったのは、現実に「不和」の状況があったことに他ならない。その原因は、蘇我氏の権力エゴイズムにあった。それに対する厩戸皇子の鋭い批判としてこの条文を読解しない限り、憲法の時代性が不透明になる。ただ、後段の「しかし、上司とそれに仕えるものがにこやかに、睦まじくあれば筋道にかない、何事もうまくいく」という下りは、字面だけでは余りにも楽観的にすぎる。この点は、憲法の他の条にみる君主的統治思想と関連する。例えば第三条の「詔を承りては必ず謹め。君は天なり。臣は地なり。天は覆ひ、地は載す。……」にも明らかに記されている。これらの時代的制約から、聖徳太子は脱皮する方向性をもたなかったのであろうか。

私は第七条に注目する。「人おのおの任あり。掌ることよろしく濫れざるべし。それ賢哲、官に任ずるときは、頌音則ち起こり、奸者、官をたもつときは、禍乱繁し。……」とあって、人にはそれぞれ任務があって、権限を乱用するなといい、賢明な人間が官にあれば、政治をたたえる声が起こるが、邪悪な人間が官につくと、わざわいが多くなる、という。つまりは、政治のリーダー、それは政治のみならず組織の長たるものにふさわしい人間が出ない限り、彼らによって権限が無謀に行使され、社会や組織は堕落するという。憲法をもって聖徳太子は、当時の自己中心的な傲慢な政治に鉄槌を下し、そして斑鳩に去った。

その鉄槌はおよそ一四〇〇年後の日本という国にも下されていることを、あらためて知るとき、人間の性悪説を普遍性として受け止めるべきか、それとも予言性として理解すべきか、私はしばらく考えをめぐらしてみたい。

対新羅外交

日本あるいはそれ以前の倭国が、島国ということでもつことができた地政学的有利性について、歴史を見つめ直すことも必要である。往々にして、われわれは日本がアジアの島国であることを忘れがちである。厩戸皇子の時代に限っても、隋という大国から直接攻撃されないという安全性は、朝鮮半島の諸国に比べて比較にならなかった。だが、地政学的有利性、あるいは安全性という所与の条件が、この国の歴史にどのような影響を与えてきたかは、わが国の歴史認識の中核にすえねばならない課題でもある。そのことも今日の国際政治の議論では無頓着であるように、私にはみえる。

六世紀から七世紀にかけて、倭国と朝鮮半島との間に起こっていた問題の中心は、朝鮮半島の南端部にあった伽耶諸国の領有をめぐっての倭国と新羅との対立であった。このことについても、『日本書紀』の記事がどこまで史実を伝えているかは疑わしいが、欽明天皇二十三年（五六二）に新羅によって「任那官家」が滅ぼされ、倭国は朝鮮半島における拠点を失った。しかし、朝鮮半島では、新羅・百済・高句麗の三国の対立が緊張度をまし、倭国との外交関係は無視できない状況をつくりだしていくのは、倭国が海を隔ててあるという地政学的な位置の有利性であった。崇峻天皇四年（五九一）に、「任那官家」の再興を計ろうとするために、倭国は筑紫に二万の軍を待機させ、新羅と「任那」（伽耶）に使節を派遣して、現地の様子を探らせている。そして推古五年（五九七）に倭国から使節を新羅に遣わし、また新羅から孔雀が贈られたというのであるから、両国の関係は険悪ではなかったらしい。ところが、推古八年新羅と「任那」（伽耶）との間に戦乱がおこり、倭国が新羅を攻撃し、諸城を攻略し新羅が降伏したが、その後新羅に遣わした将軍が帰国すると再び新羅が「任那」（伽耶）に侵攻したと『日本書紀』にはいう。

ということで、『日本書紀』による限り倭国と新羅との対立は激化するが、その後の『日本書紀』の記事は歯切れが悪い。

倭国は厩戸皇子の同母弟来目皇子を将軍として新羅を攻略することを議し、筑紫で二万五千人の兵を集め、来目皇子も現地に到着したというのに、皇子の病気で征討を中止したという。そして、来目皇子の異母兄当摩《たぎま》皇子をあらためて将軍として、難波を出帆したが、従軍していた妻の舎人姫王が明石沖で亡くなったので、再び征討をやめたという。

将軍の病気あるいは将軍の妻の死亡によって征討を中止するというのは、もとから新羅遠征の計画がなかったのか、それに対する強硬な反対意見があったからだとしか考えることができない。その反対者こそ厩戸皇子であったと思われる。その理由の一つとしては、二回の遠征とも将軍は厩戸皇子と血をわけた人物で、聖徳太子の外交戦略を理解できる人物を抜擢していること、さらに、厩戸皇子が、推古三十年（六二二）に没した翌年に新羅が「任那」（伽耶）を攻めたために、倭国は新羅征討のための軍を派遣したことをあげることができる。

なぜ聖徳太子は新羅征討に消極的であったのか。それは憶測を交えねばならないが、新羅からの渡来氏族の主導者の一人秦河勝が聖徳太子の支援者であったことと、それに関連して、新羅仏教の影響があったことを考えねばならないであろう。

そして何よりも、ここで重ねて指摘しておきたいのは、二度にわたる新羅征討の中止がなされた後に、『日本書紀』によれば、厩戸皇子が斑鳩宮に遷っているということである。すでにみてきたように、斑鳩宮への遷居の以前と以後とによって聖徳太子の視線は大きく変化し、孤高の賢者として「世間虚仮、唯仏是真」の生活に入る。

第三章　神の領域――飛鳥

私の以前からの疑問であるが、飛鳥のことを真神《まがみ》の原といい、「大口の」が「真神」にかかる枕詞であるとし、「真神」はオオカミを指すというのだが、なぜ飛鳥がオオカミと結びつくのかよくわからない。オオカミを神としてまつる習俗はわが国に古くからある。オオカミが耕作地を荒らす害獣を追っ払ってくれるというので、オオカミは霊獣とみなされてきた。だから、飛鳥が日本の政治・文化の中心地になる以前の飛鳥の原野の風景を語り継いでいるのかもしれない。

大口の真神の原に降る雪はいたくな降りそ家もあらなくに（『万葉集』巻八―一六三六）

しかし、「真神の原」とよばれてきたことは、七世紀代になっても飛鳥が神と関わる土地として認識されていたと思われる。とすれば、聖なる土地としての飛鳥。それは神の領域であったと、私は思う。飛鳥の歴史は、原風景を前提として語らねばならない。

伝飛鳥板蓋宮跡

飛鳥という土地

近年、飛鳥京跡苑池遺構が伝飛鳥板蓋宮跡遺跡の東北から発見され、あるいは宮殿遺構の調査も進み飛鳥の空間構造を考える上において新しい手がかりとなることが期待されつつある。『日本書紀』の記述が発掘調査によって裏づけられることになり、ますます飛鳥の実像が明らかになってきた。

飛鳥には七世紀の間、諸宮が営まれてきたことは『日本書紀』などで明らかであるが、それらの諸宮が飛鳥という空間でどのような位置を占めていたかについては、明らかではない。

飛鳥の諸宮と一般的にいわれる中で、推古天皇の豊浦宮や小墾田宮は厳密な意味では「飛鳥」の中に立地するとはいえない。なぜならば、宮の名前に飛鳥という文字を冠していないからである。つまり、「飛鳥」を冠する宮を対象とするのが飛鳥の諸宮を考察する上での基本的な条件である。したがって、舒明天皇の飛鳥岡本宮、皇極天皇の飛鳥板蓋宮、斉明天皇の飛鳥川原宮・後飛鳥岡本宮、天武天皇の飛鳥浄御原宮の五つの宮ということになる。

ところが、実際には、これらの宮の構造を十分に知るには、これからの精査がどうしても必要である。

舒明天皇の飛鳥岡本宮の位置についてみると、「岡本」という宮号から推して、明日香村の東側の丘陵付近の大字「岡」との地理的関係は想定できるといった程度で、その面的な広がりはよくわからない。しかし、後述する斉明天皇の後飛鳥岡本宮との位置関係は考慮すべきであろう。飛鳥板蓋宮については、伝飛鳥板蓋宮跡遺跡の下層遺構にあて、その上の二層の遺構を後飛鳥岡本宮と飛鳥浄御原宮とみる見解がある。それとともに、飛鳥浄御原宮という宮号をめぐる『日本書紀』の記事に関する問題が、宮の位置について示唆的である。

天武紀二年（六七三）二月条に天武天皇は飛鳥浄御原宮で即位したと記すが、朱鳥元年（六八六）七月条に、朱鳥改元によって飛鳥浄御原宮というとある。朱鳥改元は天皇の病気平癒を祈願するもので、浄御原という宮号もそれにともなったようで、宮の土地の清浄

飛鳥苑池遺構

さをあらわしたものである。とすれば、朱鳥以前は天武の宮は後飛鳥岡本宮と称されたとも考えられる。そこで、伝飛鳥板蓋宮跡遺跡の最下層の遺構を舒明の岡本宮と仮定すれば、斉明の飛鳥川原宮以外は、ほとんど同位置に宮があったとみることができる。

飛鳥浄御原宮の位置については、周辺の出土木簡に「大津皇子」などとよめる墨書があるなどから、伝板蓋宮跡遺跡とみる説が有力視されている。かつて喜田貞吉は、飛鳥寺の北、旧飛鳥小学校の東方、石神遺跡を含む一帯に飛鳥浄御原宮を比定し、その後喜田説を支持する研究者は少なくなかった。その主要な根拠は、明日香村飛鳥にある「ミカト」という小字名である。それ以降の発掘調査においても、建築遺構が、さらに西方からは漏刻台の遺構（水落遺跡）も検出され、その周辺が重要な地域であることが確認されつつある。

近年発見された「飛鳥京跡苑池遺構」がこのような問題提起にからませて飛鳥に新しい視点を提示できるのではないかと私は考えつつある。

この苑池を天武紀十四年十一月条の白錦後苑の一施設に想定するという説とともに、白錦後苑は別の苑池とする和田萃の見解もある（和田萃「天武の『白錦後苑』の所在地は？」「読売新聞」東京本社版、二〇〇四年二月十日付夕刊）。

そのことも念頭において、苑池遺構や石神遺跡、水落遺跡を宮とどのような関係で理解したらよいであろうか。喜田貞吉が指摘した小字「ミカト」を宮門あるいは宮に由来する地名と解釈できれば、飛鳥の宮の北の門との位置にあてることも一つの想定であろう。あるいは、宮に含まれる一部分であるために「ミカト」という地名が今日まで伝わったともいえる。そのようにみると、宮の中心部を伝飛鳥板蓋宮跡遺跡あたりと推定するとしても、後の京のような空間は飛鳥寺の北にまで及んでいたと解するものである。

この理解は、従来、「飛鳥浄御原宮はどこか」という問いかけが不十分であったという問題提起を導く。伝飛鳥板蓋宮跡遺跡は、宮殿遺構とその周囲であっても、さらに広がりのある周辺の空間はどのようであったかという、当然とでもいうべき問題に多くの関心が向けられなかったためである。

このような視点にもとづくと、伝飛鳥板蓋宮跡遺跡より北は、ほぼ全域が京のような都市であったという仮説が成り立つ。つまり、伝飛鳥板蓋宮跡と苑池遺構さらに北の石神遺跡も含め、京域に相当する空間を構成するというべきではないかというのが私の想定である。

飛鳥は真神《まがみ》の原とよばれたということから聖なる土地であったのではないかと、この章の冒頭に述べた。そのような聖なる土地であるからこそ蘇我氏は飛鳥寺という聖なる建築を作った。ところが、最初の女帝といわれる推古天皇の宮は、右にみたように飛鳥という空間に踏み入れてない。蘇我氏の権勢の基礎をきづいた蘇我稲目の家も甘樫丘の下の豊浦に、そして馬子の家も今日の明日香村島庄にあったが、そこは飛鳥ではない。飛鳥はもともと俗なるものを拒絶する空間であった。念のために記しておかねばならないことは、飛鳥寺は飛鳥衣縫造樹葉《あすかのきぬぬいのみやつここのは》の家を壊して寺地としたという『日本書紀』の記事である。これについては雄略紀にあるように、渡来の衣縫の技術者たちは、大神神社や伊勢神宮に奉仕した。そのことから、聖なる職業者として認められていたので、飛鳥衣縫造樹葉の家も聖地に作られていたとみてよいであろう。

ところが、舒明天皇が、はじめてこの飛鳥に宮を営む。宮号を飛鳥岡本宮と称したことは先に記した。蘇我氏が踏み入ることのできなかった聖なる空間になぜ舒明天皇が宮をつくることができたのか。

その問いかけに対する答えは、舒明のときはじめて、公式か非公式かは検討の余地を残すが、天皇という称号もったためであると、私は思う。天皇という称号は、中国において成立した道教という宗教の最高神天皇大帝に由来する。舒明朝にはじめて大王は聖なる天皇となる。天皇号のはじまりを天武朝とする大方の見解は、天皇と墨書された木簡の発見に依っているが、舒明朝に天皇号は使われていたと推定する根拠は、舒明の死後八角形墳に葬られたからである。八角形は東西南北とその中間の方位で八方位となるが、それでもって形づくることができる。この八方位は道教の世界観の表現で、その中心に最高神が位置する。そのような宗教思想からみて天皇ははじめて神となる。神なるゆえに天皇は飛鳥に宮を営むことができた。いかに権力をもってしても蘇我氏にはかなわないことであった。

亀形石造物とその年代

飛鳥の酒船石の近くで石敷きなどをした空間から精巧な加工をした亀形石造物が出土し、以前から謎の石造物が多い飛鳥に話題をよぶことになった。これまでに、さまざまな

亀形石造物

形で報告がなされているので、遺跡の状態についてここで詳しく述べる必要もなかろう。ただ簡単に概容だけを記し問題点を指摘しておきたい。遺跡全体を見渡したところ人頭大の花崗岩の自然石が全体に敷きつめられ、その面積は約十二メートル四方で東側に階段状石垣が八段あることなどが目にはいり、あたかもローマ時代の野外劇場の観を呈している。その他西側には高さ一メートルほどの石垣もあって、この遺跡が単なる日常的空間ではなく、非日常的あるいは聖的な目的に利用されたことを想像させる。

亀形石造物が検出されるまでは、石敷きと石組みの溝などからなる光景を見ておそらくは祭祀のためにしつらえられた施設であろうというのが大方の見方であった。そのような理解は亀形石造物が発見された後も変らないのであるが、より具体的にどのような非日常的祭祀あるいは儀式がなされたかということになると謎のままである。

遺跡の現場に立って、亀形石造物は別として注意を引くのは溝などの造作に用いられているやや黄色をおびた切石である。その後の発掘によると本来この切石が全面に敷きつめられていたらしく、人頭大の花崗岩による石敷きはその上になされたという。ということは本遺跡の基本的な石材は切石である。

この切石は岩石学的な鑑定に誤りがないとすれば飛鳥より北方の天理市石上から豊田にかけて分布する天理砂岩だという。今回の遺構の年代決定は天理砂岩によるとされるのであるが、よほど慎重な岩石鑑定を前提とされているものと、われわれは信じねばならない。
天理砂岩が年代決定について重要な意味をもつのは、斉明紀の記事との照合による。斉明天皇二年是歳条に次のようにある。

天皇は「興事《おこしつくろこと》」を好み技術者に香具山の西から石上山に至る渠《みぞ》を掘らせ、二百隻の舟で石上山の石を積み流れにしたがって宮の東の山に石垣を作った。ところがその時の人々は「狂心《たぶれごころ》の渠《みぞ》」とそしりそれを造るのに延べ三万人余りの労務者をつぎこんだし、石垣の建造には延べ七万人の人を働かせた。しかし結果としては宮殿の用材は腐り、山の頂きはうずもれてしまったとそしった。また石の山丘を作ろうとしたが作っている最中に崩れたようだとも悪口を言った。

右に「狂心の渠」と非難された運河が香具山の西から石上山まで通じていたというのだが、石上山が天理市石上から豊田にかけての土地のことをさすとすれば、斉明天皇が造成した人工河川は奈良盆地を南北に貫流することになり長大な流路が掘られたと想像しなければならない。
近年の飛鳥池遺跡の発掘調査で部分的ではあるが水路跡が検出され、それをもって「狂心の渠」にあてるとする説がだされているので、この説が正しいとすれば飛鳥のあたりでは具体的な流路が確かめられたとしてよいのだが、さらに北方の盆地の中を人工河川がどのように走っていたかは現状では明らかになっていない。

斉明紀にいう「狂心の渠」のルートなどその実体は今後の検討をまつとして、「石上山」の石が飛鳥にもたらされ、宮（この場合は後飛鳥岡本宮）の東の山の石垣の建設に用いられたらしい。今までの酒船石周辺の調査で切石の天理砂岩を用いた石積み状の遺構が数カ所で確認されているので斉明紀の記載は信憑性が高い。

そして再び亀形石造物のある遺構の年代について考えるとすれば、天理砂岩が基本的な用材であるという点から本遺跡は斉明天皇の時代に作られ同天皇に関わる非日常的空間であると推定できる。

ただ、私の考えの中で十分な理解に至らないことはなぜ運河まで造って飛鳥からかなり離れた天理市石上・豊田あたりから砂岩を運ぶ必要があったかである。この疑問に対する合理的な答えは切石の形に細工しやすいことであるといわれる。しかし加工して切石をつくるならば、飛鳥近くの高取町の束明神古墳の築造に用いられた二上山産の凝灰岩でも可能である。にもかかわらず天理砂岩をわざわざ運ばせたのは、石材の加工とは別の意図があったのではないかという思いをいだかせる。つまり、斉明女帝と石上との精神的なつながりがあったと想定できる余地はある。それについて詳しく述べる余裕はないが、息長《おきなが》氏が双方に関係することによると思われる。

「亀」の意味

亀形石造物が出土したことにより、正直なところだれもが「飛鳥は何が出るかわからない」という強い衝撃をうけた。同時にこの「亀」は何を表現しているのかということについてさまざまな解釈がだされた。すでに飛鳥の川原寺の南西方に「亀石」という石造物があるので、にわかに古代における「亀」というテーマがクローズアップされた。以下私の亀形石造物についての考えを述べておきたい。

亀形石造物の造形についてスッポン説もあるが私は亀を意識して作られたと考えている。動物学的な形態論ではなく図像学的概念において亀である。その理由は以下に記したい。

私が最初に思いついたのは、中国山東省の沂南画像石の八角柱（後漢）に描かれた亀が三つの峯からなる山を支えている図像である。三つの峯からなる山は崑崙山を表しているが、その山のさらに上方に西王母もかかれている。西王母は道教の女仙で崑崙山に住むと伝える。つまり亀が崑崙山という仙人の住む世界、神仙郷を支えていることになる。

亀が神仙郷を支えるか、あるいは背負うというモチーフはめずらしいことではない。中国戦国時代の楚という国の屈原とその一派の詩集である『楚辞』には「大亀が山を背負い手を打って舞うというのに、どうして蓬莱山を無事に落さずにいられるのか……」(目加田誠訳)とあり、その注として後漢の王逸は『列仙伝』を引用して「大亀が背に蓬莱山を負い、手を打って蒼海の中で戯れる」と記している。この場合も亀は蓬莱山という仙人の住む世界、すなわち神仙郷を背にのせている。

それでは酒船石遺跡の亀形石造物が背負っている神仙郷をどれにあてるのかということになる。亀形石造物の南の丘、すなわち酒船石のある場所あたりから東南方に目をやると多武峯の頂上付近を望むことができる。この多武峯こそ亀が負う神仙郷である。

斉明紀二年条に吉野宮とともに多武峯に両槻宮《ふたつきのみや》を作るとあり、それは「観」で別名を「天宮」というとある。「天宮」は道教で仙人たちの天上の宮殿のことをいい、「観」は道教の寺院を道観ということによる。したがって多武峯の両槻宮はまぎれもなく神仙郷に擬して斉明天皇が造営したものである。多武峯からみれば西北麓の谷状地形のところに亀形石造物がおかれたということになる。だから亀は両槻宮という神仙郷を背に負うという構図をつくっている。このように解釈することによって今回見つかった亀形石造物の意味を私なりに理解した。

亀と神仙郷という組み合わせは、後の藤原京造営にさいしても意識された。『万葉集』の「藤原宮の役民の作る歌」に亀がうたわれている。

……わが作る　日の御門に　知らぬ国　寄し巨勢道より　わが国は　常世《とこよ》にならむ
図負《ふみ》へる　神《あや》き亀も　新代《あらたよ》と……（巻一―五〇）

「図負へる」とは常世という図を負ったという意味であると解釈するのが、自然だと思うが、後の章でふれることになるが、常世とは神仙郷と同じ意味の和語である。そのような図を背に負って神々しい亀が、自分たちの宮に、まだ服しない国々を従わせようと巨勢道から寄ってくるという。おそらく藤原宮造営のさいに歌われた労働歌だろうが、ここでも、亀の背に神仙郷を負っているという。藤原宮の建設されていた頃は、まだ天武天皇かあるいは持統天皇が飛鳥に宮をおいていた時代で七世紀後半である。斉明朝から二、三十年ぐらい後の頃である。私は、酒船遺跡の亀形石造物が両槻宮という天宮を背に負ったというイメージが飛鳥人にとって、常識的に受け入れられていたと思われる。それどころか、今回の亀形石造物は平安時代までその姿をみせていたというのであるから、藤原宮造営に従事した人々は酒船石の下の亀を見ていたと思われる。だからこそ労働歌として口ずさまれた内容は当時の人の亀の意味に対する共通した理解であるとみてよい。そのような亀に対する時代認識のようなものを前提におくことなしに、亀形石造物について解釈してはならないであろう。

亀と神仙郷のつながりは、われわれが親しんできた浦島太郎の物語によって、もっと身近に引き寄せることができる。『日本書紀』の雄略紀には、丹波の国、余社（与謝）郡管川の住人、瑞江浦嶋子《みずのえのうらしまこ》が舟にのって釣りをしていたところ、とりあげた大亀が女となって心がたかぶり妻にして、海の蓬萊山にいったとあり、やはり、亀と神仙郷のことが語られている。同様の伝承は、『丹後国風土記』（逸文）や『万葉集』（巻九―一七四〇）からも知ることができる。

右にみたような道教思想的な亀と神仙郷に関するモチーフは、仏教的な変容をうける。大阪の四天王寺境内に亀井堂というお堂がある。ここには、亀甲模様のある亀の石造物があるのだが、造形的な外観は飛鳥の亀形石造物に類似する。つまり亀の口の前に水槽がある。飛鳥の場合と異なる点は、近くの湧水の水が亀の尾の部分から入り、口から吐き出され水槽にたまる仕掛けになっていることで、水槽の水を口から得て、尾から出すという飛鳥の酒船石遺跡の亀とは水の流れが逆になっている。四天王寺の亀井堂は水槽に先祖や亡き人の供養をするための経木を浮かべるものであるが、西方浄土での冥福をいのるものであろうから、亀は他界と関連する。神仙郷を背負った亀のモチーフが仏教の浄土的世界にとりいれられたものと解釈できる。

これと類似することは、中宮寺に断片がのこる「天寿国曼荼羅繡帳」についてもいえる。この繡帳は、『上宮聖徳法王帝説』によれば、聖徳太子の妃、橘大郎女の作というのだが、

「天寿国」は仏典にも見いだされずに、その意味することについて的確な解釈がなされていなかった。近年福永光司は、『伊予国風土記』（逸文）に引く、聖徳太子作と伝える「湯岡碑文」に「寿国の華台（花のうてな）に随って開き合す」に注目し、この「寿国」こそ「天寿国」にあたるとし、仏典については『観無量寿経』との関係を指摘した。そして「原本のサンスクリット名は明らかではないが、おそらく中国の神仙思想（不老不死思想）に同調せんとして、中国で考え出された経典であろう」と述べた。「天寿国曼荼羅繡帳」の原図には百個の「亀」が描かれていたが、『上宮聖徳法王帝説』はこれらを「亀甲」とよんでいる。動物学者は繡帳の「亀」を「スッポン」とみるが、スッポンであっても、ここに「スッポン」を亀と区別して描かなければならない必然性はない。作者の意図は、神仙世界＝天寿国と亀の関係を描いたと思われる。このようにみると飛鳥の亀形石造物は図像学的概念としての亀であってよいであろう。

樹と石と水の都

亀形石造物が発見されたときに、その上方の丘にある酒船石との関係を推定する見解があった。それは、酒船石から木樋のようなもので、「亀」の前面にある水槽に水を導いたのではないかというものであった。しかし、後に、水槽のすぐ前から天理砂岩で構築された湧水施設の遺構が検出されることによって、酒船石と「亀」との直接的な関係は否定された。当初から私は、地名や苗字などにある「亀井」や「亀戸《かめいど》」に関係するものではないかと想定していたが、湧水施設が出土したことによって、ほぼそのことが確認された。

酒船石遺跡の場合、両槻宮の宮号の由来になったであろう槻の樹木と、石敷きなどの構造、そして湧き出る水が一つのセットとして、飛鳥のコスモロジーを形成していたのではないかと、私は考えている。この遺跡以外でも、『日本書紀』に再三記される、飛鳥寺の西の槻、石敷きの伝飛鳥板蓋宮跡、須彌山像や石人像などの噴水施設、近年発掘された苑池など、樹と石と水が飛鳥の風景の骨格をなしていたと思われる。

いったいこの組み合わせの意味するところは何であろうか。仮説的にいうならば、樹は天、石は地で水とともに、天・地・水という道教的な宇宙の垂直構造を表現していたのではないかと思われる。

この構造は、飛鳥の時代の古墳、つまり終末期古墳の天皇陵や皇子の墳墓が八角形の平面形で作られたことにも関係する。つまり、道教において八角形は、東西南北の四方位とその中間の北東・南東・南西・北西の四方位を合わせた八方位が世界（宇宙）の水平的表現であった。それではここにみるようなコスモロジカルな風景はだれによって演出されたのであろうか。

女帝斉明の思想

女帝斉明（皇極）は国家仏教という宗教的環境の中で、道教に関心を示さねばならない動機と、道教を身近に知ることのできる環境にあったことが考えられる。

当時の唐をめぐる国際情勢は唐・新羅の連合軍と百済を支援する倭という対立的構造をなし、倭は唐の侵攻に対抗するために中華思想を示威し、唐と肩を並べる存在であろうとした。そのためには、唐の皇室の姓が李氏、老子の姓も李氏と伝わることから、道教が重視されていることを模倣する必要があった。中国道教にあっては、仏教はインドという異国から伝来したものであり、道教こそ優位に立つべきだと思われていたからである。さらに、次章にみるように、斉明天皇の戦略は、蝦夷を遣唐使に同行させて、縁辺部に蛮族を配してせることにあった。このことによって、中心に高度な文化があり、中国の皇帝にみいるという中華思想を国策的にかかげようとしたのであった。

このような、国家目的としての道教への関心とともに、斉明天皇の血統が道教への傾倒を促したと思われる。詳しい系譜関係を示すことは省略するが、斉明天皇の祖父は押坂《おしさかの》彦人大兄皇子《ひこひとのおおえのみこ》で、舒明天皇の父である。押坂彦人大兄皇子の母は息長真手王《おきながりまておう》の女広姫であるので、斉明天皇は息長氏との関係が強い。息長氏は近江の坂田郡に本拠をおくのだが、そのルーツは不明である。ただ、豊前の香春《かわら》神社（福岡県田川郡香春町）の祭神が「辛国《からくにの》息長大姫大目命《おきながおおひめおおまのみこと》」であることに私は以前から関心をもっている。「辛国」とは新羅とするが、実際には「カラ」、つまり朝鮮半島の南部にあった加羅のことであろう。かつ香春の地で採られた銅で作られた鏡が宇佐神宮に奉納されるように香春と宇佐は密にむすびつくとともに、『八幡宇佐宮託宣集』には八幡大神が中国の霊神、おそらくは道教の神とする伝承をもつ。

斉明天皇をめぐる政治環境と血統的な系譜関係が象徴的に亀形石造物を生んだのではあるまいか。

中華思想と自己中心

口では何と言おうと人はたいてい自分を基準としてものを考えがちである。しかしそれはあくまでも「考えがち」であって、後でも述べるように「他者のまなざし」も強い弱いがあるが「意識しがち」である。これも、自分を基準とすることと、他人のまなざしを意識することとの比率は、人によって、状況によってさまざまで、簡単に決められるものではない。

右に述べた斉明女帝が、みずからの国家を中華思想のもとに位置づけようとした企ては、中華思想が、もともと中国を中心にすえ自己中心的に世界を構造化するものではあるが、そのスモールサイズのようなものを中国をモデルにして作ろうとすることにほかならない。中華思想の構図は中心に高い文化があり、周縁に低い文化があるという空間的な広りをもつ。だから遣唐使に蝦夷を同行させ、自分たちの周辺にも「蛮族」と当時の人間が認識した住民たちがいると説明しなければならなかった。次章でとりあげる『日本書紀』の斉明紀の記事には、蝦夷の征討について少なからず語られているのも、高い文化が権力をもって服属させようとする政治的な意図の表現であると考えられる。

ここで問題となるのは、「日本」の中華思想は、まさしく思想的には、自己中心であるのだが、実際には中国の中華思想からのまなざしを意識せざるをえないということである。中国から見れば、まことに奇妙な現象である。世界の中心にあって高い文化を誇るのは、一つしかありえない。二つあってはおかしいことになる。それにもかかわらず、海をへだてた島国にもう一つの「中華」があるというのだ。斉明女帝が遣わした使節に対して唐の皇帝が好意的なもてなしをしなかったのは、あたりまえの話である。

日本というか倭国というか、日本列島にあった国は、おそらく海のかなたの中国の存在を知って以来、その国のことを意識しながら歴史を編んできた。史料の上では五世紀末の雄略大王の時代に作られた埼玉県行田市のさきたま古墳群の一つから出土した大刀の銘文に「天下」の文字がよめる。時の大王が天下を支配していたことを表現したものであるが、これも中華思想にほかならない。なぜならば、天下を治めるのは中国の皇帝のみに許された行為である。いうならば天下人はこの世に一人しか存在しない。というか、存在してはならないのだ。

このような中華思想の原則を、中国のことを、意識しながらであったであろうが、日本もそうであろうとする精神性のありかは、どのあたりに潜んでいるのだろうか。まことに興味あるテーマであるが、その答えは、近代の日本のアジアへの進出をみると見つかるように思える。古代から近代まで一足とびのような印象を与えるが、そうではなくて古代から中・近世を経て、近代にまで共通的に日本の底流としてそのような意識があるのだ。それはあたかも人間において、自分の前にたちはだかる競争者にいだく心理ともよく似た面をもつ。

第四章　「発見」された土地

未知の土地が発見されるとき、その土地に先住民がいたとすれば、「未知」や「発見」ということばは、先住民とは関わりのなかった人間たちの側に属することである。「発見」された側にとっては、さまざまな圧力のもとにさらされる。

日本列島の歴史についてみても、古代に大和王権によって「発見」され、かつ服属させられた対象は、王権の中心から遠く離れた辺境の民であった。

王権に服属することに抵抗するのは、九州南部の隼人《はやと》と熊襲《くまそ》と、東北地方の蝦夷《えみし》であるが、後者の方が、平安時代に至るまで律令政府をてこずらせた。王権の中心地に視点をおくと、西日本は、文化的に同質性としてみることができるが、東日本、とりわけ今日の東北地方については、異質性を強く意識せざるをえなかった。三関といわれた鈴鹿・不破・愛発の関は東国に対するものであったこと、防人の兵士たちが東国から呼び寄せられたことなど、古代の東国は、たしかに異質性において存在の意味を担わされた。

このことを、端的に示すのは「陸奥《むつ》」（あるいは道奥）という表記である。王権の中心地からみて、陸地の奥まった土地であり、「未知」の部分を秘めた土地のイメージが漂う。

蝦夷と王権

蝦夷という名が『日本書紀』にはじめて出るのは、景行天皇の皇子、ヤマトタケルが西の熊襲を征した後、天皇の命をうけて蝦夷を平定する記事においてである。いうまでもなく、それは後世の国家的理想をいったもので、歴史的事実ではない。

しかし、この景行紀に、蝦夷に関する「情報」が記述されていることは、注意しておいてよい。蝦夷は野蛮であることをおそらく誇張的に、かつ差別的に表現し、意図的にまげられた「情報」によって、王権の蝦夷征討に対する正当性の宣言であった。それは領域国家を完成させるためのイデオロギーといってもよい。それは、次のように書かれている。

蝦夷は凶暴で、村には長《おさ》なるものが存在せず、それぞれの境界を侵犯し、互いに物を奪いあっている。山には悪い神がすみ、野にはおそろしい鬼がいて、道を塞ぎ多くの人々を苦しめている。東夷の中で、蝦夷が最も強く、男女が雑居し、父子の区別がない。冬は穴に宿り、夏は木の上に居を構える。毛皮を着て、血を飲み、兄弟は疑いあい、山にのぼるときは、鳥のようであり、草原を走るときは獣のようである。恩をも忘れ、怨みがあればかならず、報復する。また、矢を束ねた髪の中に隠し、刀を衣の中に入れ、党類を集め、辺界を侵し、収穫のときに略奪をする。攻撃をされれば、草に隠れ、追われれば山に入る。それゆえ、昔から、まだ王化にしたがっていない。

この「情報」の中で意味をもつのは蝦夷が「王化」していないということである。王権にとって蝦夷の土地にたいする経済的な利益には全く関心を示していない点において、世界史上の大航海時代の新大陸の発見とは、本質的に異なるのだ。

女帝斉明の国家意識

具体的に蝦夷に対して王権が政治的に意識しはじめるのは、六世紀の後半ごろとみられる。崇峻紀には、近江臣満《おうみのおみみつ》という人物を東山道に派遣して蝦夷の国の境を視察させたとあるので、このあたりから、北辺は「発見」されはじめたのであろう。

しかし、蝦夷はたやすく大和の王権に服するものではなかった。七世紀前半の舒明紀には、上毛野君形名《かみつけのきみかたな》が将軍として蝦夷を討とうとしたが、逆に敗走してしまい、それを嘆いた将軍の妻は夫に無理やりに酒を飲ませて、ふるいたたせて、あげくの果てに蝦夷を大破したと記している。蝦夷の抵抗にあった王権側の将軍が、気丈夫な女性によって支えられているというような記事を『日本書紀』が載せるのは、史実のエピソードとして語られていたからであろう。

断片的な『日本書紀』の蝦夷に関する記事を追っていくと、王権側は執拗に蝦夷に攻撃をかけ、七世紀の前半、皇極女帝の時代に、越《こし》の辺境の蝦夷数千人が帰服したとあり、現在の新潟県の北部あたりまであった蝦夷の領域が侵略されはじめる。だが、同時に、朝廷は蝦夷をもてなし、蘇我大臣《そがのおおかみ》、おそらく蘇我蝦夷《そがのえみし》であろうが、家に招いてなぐさめの言葉をかけている。

余談ではあるが、この時代に権勢を誇った蘇我蝦夷という人物の名が、「蛮族」とみなされていた蝦夷の名をもつのは、『日本書紀』の作者がこの人物を蔑視し、作為的に名付けたという説がある。私はそうは思わない。右にみたように、蘇我蝦夷は蝦夷を自分の家に招いているほど、蝦夷に対して親しみを抱いているのであるから、蝦夷という名を好んでいたとも思われる。さらに深読みすれば、蝦夷という名をつけることによって蘇我氏が王権に対立する意志を示したとも考えられる。

王権が、蝦夷対策に本腰を入れるのは七世紀の半ば、孝徳天皇の時代で、今日の新潟市付近に渟足柵《ぬたりのさく》を、新潟県村上市あたりに磐舟柵《いわふねのさく》をつくり、蝦夷に備える頃からである。柵というのは、城塁のようなもので、この二つの柵はいずれも港湾にあり、蝦夷征討は越前の敦賀あたりから軍船を連ねて行われた。

皇極天皇は再び皇位につき、斉明天皇と称されたが、この女帝の時代において蝦夷など、辺境の民と王権の関係、あるいは古代の国家の存在のしかたというものを典型的に知ることができる。

例えば、二百人近い越や陸奥の蝦夷を饗応し、津軽の蝦夷に冠位を与え、あるいは阿倍《あべの》比羅夫《ひらふ》は、百八十艘をも率いて秋田や能代の蝦夷を討つとともに、秋田の蝦夷の恩荷《おんか》というものにやはり冠位を授け、能代や津軽のあたりをおさめる官職につかせている。この時も今日の青森県の十三湊付近で北海道の蝦夷をもてなしている。

右のような『日本書紀』の記事は、王権が蝦夷に対して温情的な態度をとったかのように後世潤色されたとする見方もできるが、私はそのように解釈しない。むしろ事実に近いのではないかと思われる。ということは、次に述べるように、王権にとっては、単に領土を拡大し、蝦夷を征討し支配下におけばよいというものだけではなかった。

蝦夷という世界

女帝が、中国に起源する不老長生を願う宗教である道教に傾倒していたという視点も、蝦夷について語るときに見落とせない。道教の寺院は道観というが、それを宮のあった飛鳥の近くの多武峰の頂上に作り、神仙の住む地とみなされていた吉野に離宮を営んでいることなどからもその一端が知られる。

にもかかわらず、斉明天皇は蝦夷など辺境の民を飛鳥でもてなすときは、再三にわたって仏教の世界観の中心に位置する須弥山の像を立てているのである。その理由は、中国における道教側の言い分に関係するらしい。というのは、道教は中華の民のもので、仏教は周辺の民、つまり夷族を教化するものだとされた。察するに女帝斉明はそのことを忠実に実行したとみられる。

以上のような説明ができるならば、斉明天皇が描いた国家像はおのずから明らかなように、中華思想を模倣することであった。中華思想においては、中心の華と周辺の夷、つまり華夷があって、はじめて「世界」が出現する。だから夷は、王権の中心からみれば服属させるべきであっても、消滅させてはならず、むしろ文化的に教化すべき対象であった。だから、王権側はそこを侵略し、完全に支配しては、夷という空間は失われてしまう。蝦

須弥山石（飛鳥資料館『あすかの石造物』より転載、
写真提供・奈良文化財研究所）

夷に冠位を授け、饗応したのは、「世界」を作るための手段であった。

この時代、中国の唐を中心とする中華思想が厳としてあったことは、いうまでもなく、唐からみれば、倭国も夷であった。その夷の中に、ミニ中華思想を作ろうとしたらしい。それは国家成立期の気負いのようなものを感じるが、島国であるために、まとまりのある領土意識がそのような発想を生んだのかもしれない。

唐に渡った蝦夷

それはともかく、斉明朝の遣唐使は、まことに奇妙な光景を唐の皇帝の前で演じる。道奥の蝦夷男女二人を皇帝の前に連れていくのである。遣唐使船にこれらの蝦夷を乗せて、唐まで使節たちに同行させたのである。遣唐使の航海そのものが、いつ海難に出遭うかもしれない危険なものであった。実際、この時の使節たちの船は暴風のために南海の島に漂着し、そこで殺害されたものもでたが、かろうじて脱出しているのだから、みずからの身がどのように処されるかについて、おそらく知らされなかったであろう蝦夷たちは想像を絶するような不安な気持ちで海を渡ったにちがいない。

皇帝は、長安ではなく、東の洛陽にいた。きらびやかな宮殿の中である。蝦夷たちはどのような衣装をまとっていたのであろうか。

「これらの蝦夷の国はどのあたりにあるのか」

と、高宗皇帝は問いただした。使節はかしこまって、

「国は東北にございます」

と答えた。さらに皇帝はたずねる。

「蝦夷というのはどれぐらいの種類がいるのか」

使節は緊張した面もちで、

「三種類ございます。最も遠いところのものを都加留《つがる》、次に位置するものを麁蝦夷《あらえみし》、近いものは熟蝦夷《にぎえみし》と申します。いま、御前に連れてまいりましたのは、熟蝦夷でございます。毎年、朝廷に貢ぎものをもってまいります」

皇帝は、また問いかける。

「その国には五穀があるのか」

使節が謹んで答える。

「ございません。肉を食べて生活をしております」

皇帝はさらに、

「その国に家屋はあるのか」

と、きいたので、使節は、

「ございません。深山の樹木の下で暮らしております」

と、答えた。

最後に皇帝は、

「蝦夷の身体や顔つきのめずらしい様子をみて、まことにうれしく、またおどろいた。使いの者たちは遠方より来たために疲れているだろうから退出して、客館にいるがよい。いずれ会うことにしよう」

といった。

このように斉明朝の遣唐使が、唐の皇帝の前に、わざわざ蝦夷を連れだしているのは、自国が唐という大国と同様、領土の縁辺に住む「蛮族」を従えていることを皇帝に認識させるための演出であった。念のためにことばを添えておくが、「蛮族」あつかいされた蝦夷にとっては、屈辱以外のなにものでもなく、単なる文化的な相違が、ある視点からみて「蛮族」とみなされたにすぎないのだ。

さきに触れたように、ことのほか中国文明に憧れた斉明女帝にとって、国家とは華夷的世界でなければならなかった。

北辺が、わが国の大和の王権によって「発見」されねばならなかった動機は、その土地の金銀財宝のようなものを獲得するという経済的なものではなく、国家領土の確保にあったのだが、そこに王化させるべき夷という集団がいることにこそ、目的の核心があった。

蝦夷と日本図

わが国の形が地図として表現されるのは、いつごろのことか、正確にはわからない。『日本書紀』によれば、大化二年（六四六）に国々の境界を観察して、書状か地図にして報告するようにという、詔が下されたが、諸国から提出された地図については不詳である。

わが国の形が地図として描かれている最古のものは、いわゆる「行基図《ぎょうきず》」とよばれるものである。行基は、奈良時代に水田開発や架橋など社会事業をしながら布教し、晩年には、大僧正として奈良東大寺の大仏建立の勧進をした高僧であるため、最古の日本図に彼の名前が冠せられるが、行基がこの種の地図の制作に関わったという証拠はない。

ここで、「行基図」のことをとりあげるのは、何種類かある本図の中で、比較的古い時代の北辺を表したものがあるためである。それは、中世の一種の百科事典である『拾芥抄』に載せられているもので、図に示すように、「津軽大里」「夷地」「陸奥」という地名とその区域が記されている。もし、古代の律令時代の行政区画を表現するならば、「津軽大里」

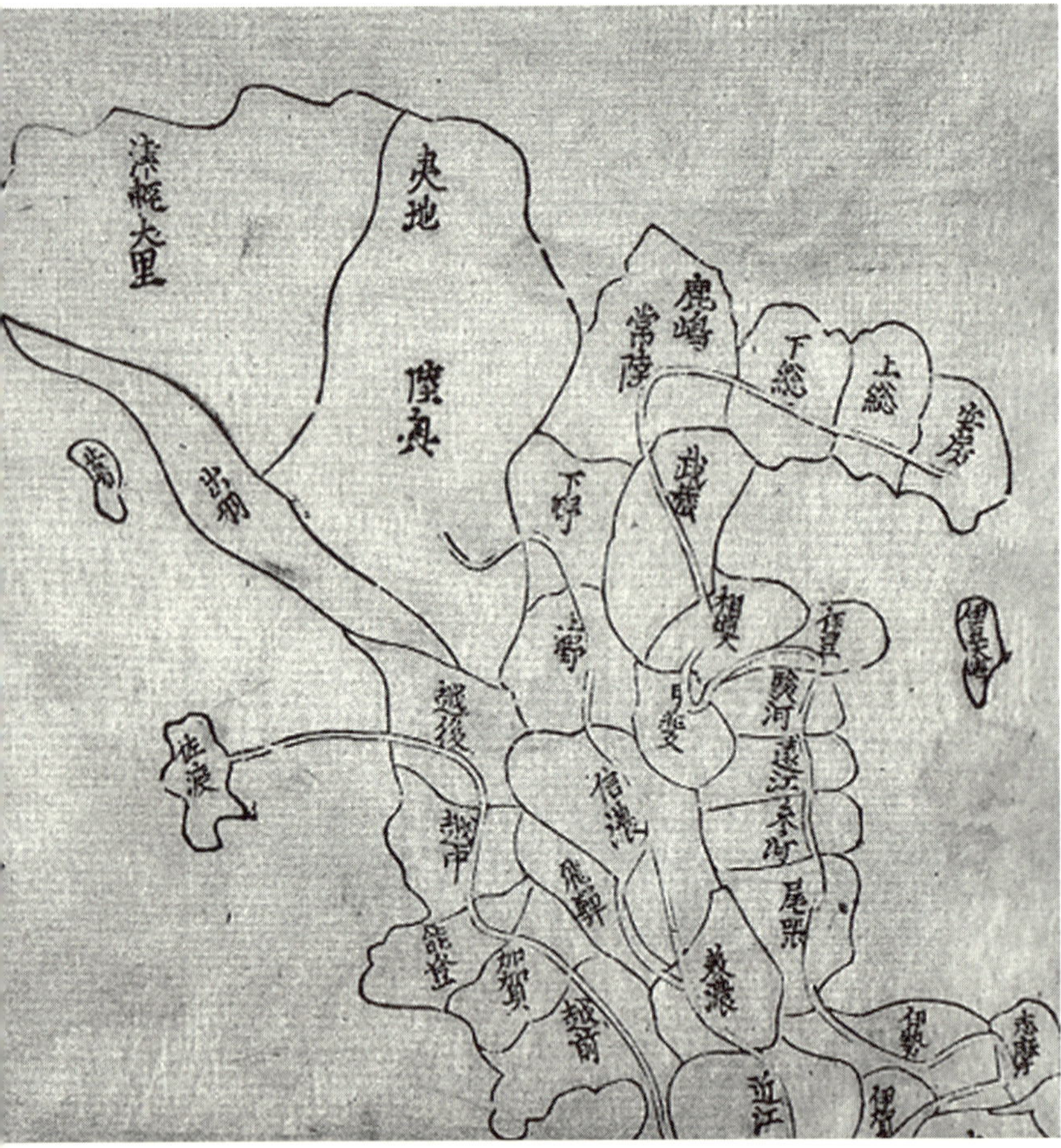

夷地
陸奥
出羽
鹿嶋
常陸
下総
上総
安房
下野
武蔵
上野
相模
越後
佐渡
甲斐
駿河
遠江
参河
信濃
越中
飛騨
尾張
能登
加賀
美濃
越前
近江
伊勢
伊賀

『拾芥抄』日本図（部分）

や「夷地」という土地は不要であったはずである。このように本図を読むことができるとすれば、この「行基図」は、北辺が未だ完全に王権の領域に組みこまれていない時代の状況を投影しているのではないかと思われる。特に、私が注目するのは「津軽大里」で、津軽に居住していた蝦夷が、かなり独自の勢力をもっていたことを、暗示しているようである。

この地図の原図がいつごろのものか、なお考証を要するが、「北辺」が発見され、その地理的情報が王権のもとに知らされていたが、しかし、「発見」された側も、勢力を温存していたことを伝える日本図として、無視できない。

このような「情報」をもって、蝦夷征討の軍船は北辺に向かって航路をとったのであろうか。

逆らう空間

畿内の王権に服属しなければならないという蝦夷の耐えがたい精神のやり場に視線が届かないならば、古代について語る必要はない。王権と国家を保証する要素の一つが領域だとすれば、その領域の縁辺空間がいつの時代でも、どの地域でも緊張関係のうず巻きの中にある。
斉明朝から百年近くたっても、畿内の王権は蝦夷を帰服させるために、武力の行使を続ける。それほど蝦夷の抵抗に手こずったというか、蝦夷の力はなまやさしいものではなかった。

宝亀十一年（七八〇）の三月、平城京の時代が幕を閉じつつある光仁朝の頃。『続日本紀』は陸奥国における伊治公呰麻呂《これはるのきみあざまろ》の反乱について記している。おおよその内容は次の通りである。

陸奥国上治《かみじ》郡（伊治《これはる》郡）の大領（郡役人の最高の位）・伊治公呰麻呂が反乱をおこし、多くの者を従え按察使《あぜち》（行政監察機関）の紀朝臣広純を伊治城（宮城県栗原市）で殺した。紀広純は中央から派遣された有能な役人であったが、伊治公呰麻呂は俘囚《ふしゅう》（帰服した蝦夷）であった。初めは広純をきらっていたが、呰麻呂はその気持ちをつつみ隠し、広純にこびるように仕えた。広純は呰麻呂を信用し、気を許した。一方牡鹿《おじか》郡の大領、道嶋大楯《みちしまのおおだて》も蝦夷の出身であったが呰麻呂をあなどり、蝦夷としてあつかった。呰麻呂はこのことを深く根にもっていた。広純は蝦夷からなる軍を率いて伊治城に入った。大楯と呰麻呂もこれに従ったのであるが、呰麻呂は、ひそかに敵に通じ、蝦夷の軍を誘って反乱の挙にでた。初めに大楯を殺し、さらに広純を殺害した。さらに呰麻呂は、みずからに従うものとともに多賀城に入り、倉庫のものをすべて持ち去った。

意訳しているせいもあるが、表面的には反乱の記録である。しかしこのくだりは、伊治公呰麻呂の抑圧された精神の叙述にこそ意味がある。『続日本紀』の筆録にあたってその点に力点をおかれたかどうかわからないが、呰麻呂が、広純にもっている嫌悪の情をひたかくしにして、こびるように仕えたとまで、王権の公式の史書が書きとどめるのは興味深い。それはそうとして、王権に向かって逆らう精神、それが行動に移されるという瞬間に立ち合うとき、現代のわれわれがそこから受けとるメッセージはどのようなものかと考えてみたくなる。

第五章　宇宙の表現——飛鳥の壁画古墳

高松塚古墳とキトラ古墳の壁画の保存と劣化に関して現地の明日香村から厳しい意見が出された。石室内の作業中に「人災」があったことや、カビなどによる劣化について未公表のことなど、文化庁の対応が十全でなかった点があった。ただ、この問題が浮上してきた平成十七年八月の時点で、私は、明日香村に壁画古墳資料センターの開設を時事通信の配信でいくつかの新聞を通じてよびかけた。その施設で、私は東アジアの古代墳墓の壁画をデジタル画像によって展示することや高松塚古墳とキトラ古墳の修復作業を公開することを提案した。その意図するところは、多くの超一流の文化財をもつ明日香村が今回の問題に遭遇することによって、より大局的な文化財行政を提言できるかを見定めようとするものであった。

今からでも、壁画古墳資料センターのコンセプトをさらに発展させて、明日香村出土の遺物の現地展示をも構想し、村の活性化の方策を打ち出しても遅くはないと思うが、よほど、切れ味のよいフットワークがなされないと、タイミングを逸したと悔やむことになろう。

星宿図のルート

平成十年、超小型カメラによってとらえられたキトラ古墳の壁画の画像は、四半世紀前の高松塚古墳の発掘による壁画の発見と同様、飛鳥の奥深さをわれわれの眼前にまざまざとみせつけた。

高松塚古墳の壁画との比較はすでに報道されたとおりであるが、キトラ古墳の場合とりわけ星宿図が注目された。これについても専門外の私が解説するまでもないが、高松塚古墳のそれと相違して、内規、外規とよばれる同心円や赤道、黄道が円状に描かれている。類似のものとして、中国蘇州の南宋天文図の拓本が調査団から示された。年代的にはいうまでもなく、キトラ古墳のものが古く、「最古級」という表現が用いられた。

ところが、同類の星宿図の拓本は韓国のソウル大学と誠信女子大学に所蔵されている。私は写真版でしか見ていないが、いずれも「天象列次分野之図」という表題があり、拓本

◀キトラ古墳の壁画、白虎（文化財研究所『キトラ古墳と発掘された壁画たち』より転載、写真提供・奈良文化財研究所）

の刷り上がりがやや異なるものの、石刻の原図は同じものであると思われる。その拓本の下部には星宿の解説が書かれているが、末尾に洪武二十八年（一三九五）という年号があるのはこの星宿図が刻まれた年代を示すものであろう。だがこの石刻図の由来についてももともと「平壌城」にあったが兵乱により、川に沈没し、なくなったが、朝鮮時代の初代の太祖に、ある人がその拓本を献上し、それに基づいて当時の天文図として再刻したものであるという意味のことが記されている。「平壌城」とあるから高句麗の時代のことであり、兵乱とは唐と高句麗が戦闘し、高句麗が滅んだときのことであろうか。それならば六六八年ころである。

この星宿図については、ケンブリッジ大学の科学史の泰斗J・ニーダムが『中国の科学と文明』［第五巻　天の科学］（吉田忠・宮島一彦・高柳雄一・橋本敬造・中山茂・山田慶児訳、思索社、一九七六年）において先行研究に依拠しながら言及している。詳細については、専門的な研究に譲るとして、もし、高句麗の時代にキトラ古墳の石室の天井石に描かれたのと同類の星宿図があったとすれば、その知識が当時の日本に伝えられていた可能性もあろう。

ただし、高句麗時代にキトラ古墳の星宿図に似たものがあったのではないかと、朝鮮時代の拓本から推定されるだけのことであって、実在していたという確証はない。朝鮮半島

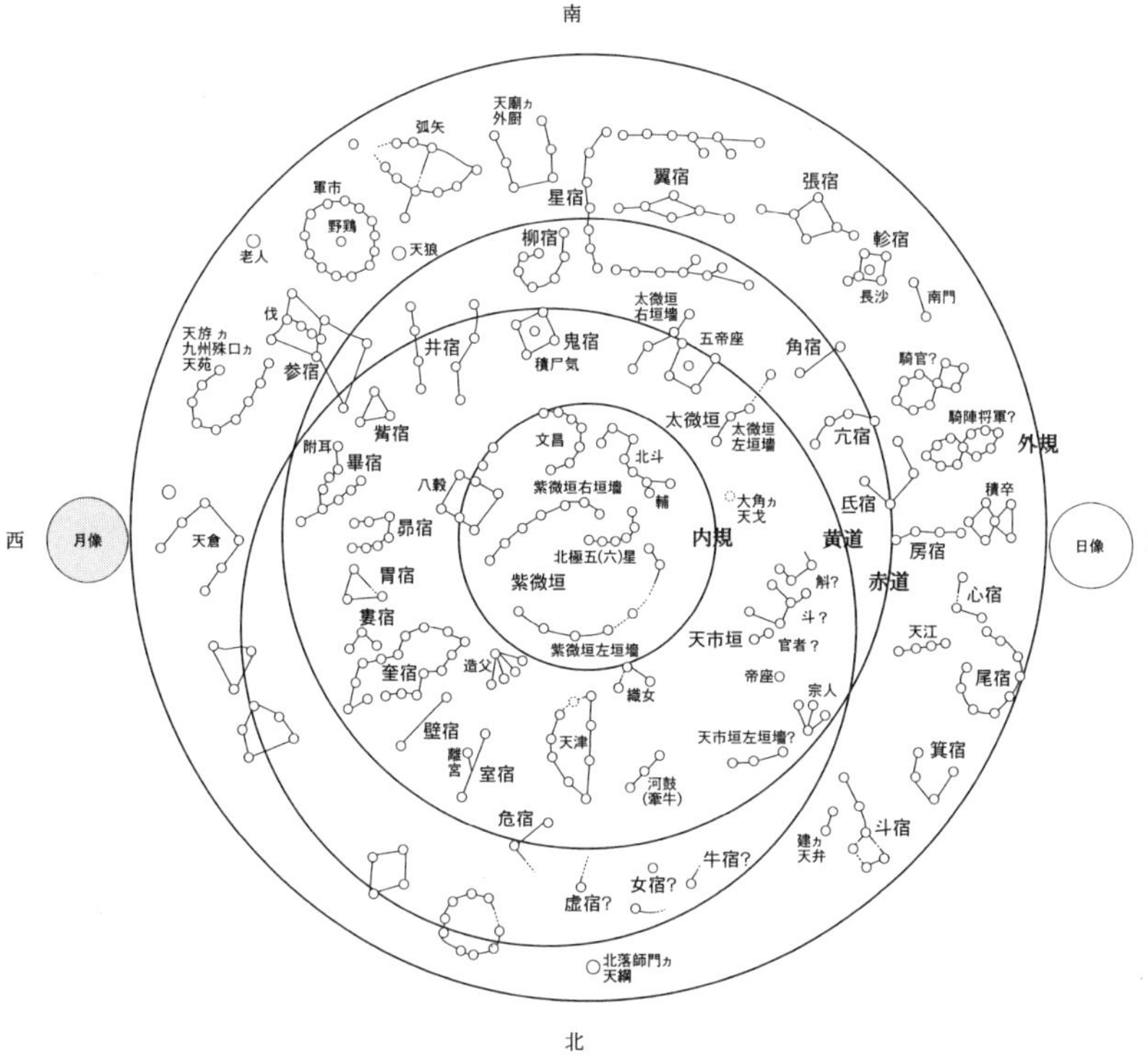

キトラ古墳の星宿図（文化財研究所『キトラ古墳』より転載、提供・奈良文化財研究所）

の古墳の壁画からは同類の星宿図は発見されていないが、星宿図は高句麗時代の集安の壁画墳にみられることはよく知られている。

キトラ古墳の星宿図については、新聞・テレビなどで報じられたように宮島一彦の解析によると北緯三十八から三十九度にあたる地域で作成されたと見られ、その部分に位置した当時の主要な都市をあげるとすれば、高句麗の平壌の可能性が高いという。この推定にしたがえば、先にふれた「天象列次分野之図」の原本が高句麗時代のものとすることに符合して興味深い。

キトラ古墳の調査から数カ月後に橋本敬造（科学史）によってなされた星宿図の解説（「奈良新聞」平成十年六月二十五日）も説得力をもつものであった。氏によるとキトラ古墳の星宿図は南宋の蘇州天文図の系譜ではなく、「天象列次分野之図」の原図の写しではないかという。「天象列次分野之図」の銘文には中国の『晋書』「天文志」の記事を引用していること、春分・秋分の基準星、『晋書』の夏至と冬至の位置などから、星座の観測年代は紀元後二世紀末までとなるという。この古天象図によって高句麗時代の星宿図が造られたと橋本氏は述べる。また白虎図が高松塚古墳のそれと逆の向きになっていることの説明も氏は次のように試みている。「天象列次分野之図」の星座図の外側北西部に「西方白虎七宿五十一星合八十度」という銘文があり、原図にも同様の位置にそのような記述があった可能性があり、キトラ古墳の絵師は原図を四十五度回して「西方」の文字の位置を西壁に合わせたために白虎像は北向きになったことが理解できる。

以上に橋本説の要点を紹介したが、氏の見解に従うならば、キトラ古墳の星宿図は高句麗で作成された星宿図とどこかで結ばれていることの可能性はかなり高いといってよい。

飛鳥と高句麗文化

飛鳥に伝来した高句麗文化のなかで、もっとも印象づけられるものは、飛鳥寺の伽藍配置ではないかと考える。飛鳥寺は発掘調査によると、東金堂・中金堂・西金堂の三金堂からなり、それらに囲まれて塔が位置するという伽藍配置であるが、この様式は高句麗の清岩里廃寺に類似することが指摘された。『日本書紀』によると飛鳥寺の造営に際して、百済から舎利を授かり、僧、寺工・鑪盤《ろばん》博士・瓦博士・画工などが渡来している。つまり、飛鳥寺は百済の技術によって建立されたのにもかかわらず、伽藍は高句麗の様式を取り入れたということは、推古紀四年条に高句麗の僧慧慈《えじ》と百済の僧慧聡《えそう》が飛鳥寺（法興寺）にはじめて住まいしたとすることから、慧慈の意向が伽藍の様式にあったとする見解がある。一つの想定としてしりぞけがたいが、百済の工人たちがすでに高句麗の寺院建築の知識を持ち合わせていたかもしれない。いずれにしても、わが国の飛鳥時代に伝来した朝鮮半島の文物に高句麗文化があったことは星宿図との関連で考慮しておかねばならない。

推古紀以降の高句麗との交渉記事から文物の伝来の契機になった内容を分類すると次のようになる。

①僧の渡来と日本の学問僧の留学

推古紀三年条に、慧慈は高句麗から渡来して厩戸皇子（聖徳太子）の師となったとあるから、飛鳥寺の僧となる前に厩戸皇子に仏教を講じている。

推古紀十年条には、高句麗の僧、僧隆《そうりゅう》・雲聡《うんそう》が渡来、同十八年条には高句麗の王が僧曇徴《どんちょう》・法定を貢上するとある。その記事の真意はわからないが、曇徴は五経を知り、彩色・紙墨を作り、あわせて碾磑《みずうす》を造ると記す。彩色は絵の具、紙墨は紙と墨のことであるから、画材のようなものを伝えたらしい。碾磑とは、水力による臼をいう。特別に高句麗僧だけではないが、この例のように渡来僧から仏教以外の文物が将来されたことは、わが国にもたらされた外来文化の入り方の一端を示すものである。同十三年条は、高句麗王が日本の天皇が仏像（飛鳥寺丈六）を造るので黄金三百両を貢上したと、その後同三十三年条には僧恵潅も渡来し、僧正に任じられたとある。いずれの記事も仏教との関係で記されているので、高句麗仏教は、新羅・百済とともに日本の仏教の形成に与ったと理解することができる。逆に日本から高句麗に渡った学問僧もいた（皇極紀三年紀、大化三年紀）。宇治橋を造ったという道登も『日本霊異記』に高句麗に留学したとある。

②『日本書紀』の遣使の往来と貢上記事

推古紀二十六年条に、隋の煬帝が三十万人の兵をもって高句麗を攻めたが、逆に高句麗に破れたので、高句麗は日本に使節を遣わし方物を貢いだとある。実際には両国とも戦いに疲弊し、高句麗の要請によって煬帝は兵をかえしたのであるが、隋の国内に反乱がおこり、ついに隋は滅亡した年にあたる。舒明二年紀に百済と高麗（高句麗）の客に対して朝廷で饗宴し、皇極元年正月条に、高麗の使人が難波津に泊まり、金銀を献上したとある。後者については高句麗の泉蓋蘇文《せんがいぶん》による大王殺害の経緯を報告するのが目的であったと読みとれる。皇極二年紀には高麗（高句麗）の使節の来朝を、大化元年には百済、新羅とともに高麗から使節がき、調を貢いだことを記している。白雉元年四月条には「或る本に云はく」として「是の天皇の世に、高麗・百済・新羅、三つの国、年毎に使を遣して貢献《みつぎものたてまつ》るといふ」とある。斉明紀にも高句麗からの来朝記事が散見する。元年是歳条に「高麗・百済・新羅、並に使を遣して調進《みつぎたてまつ》る」とあり、同二年八月条にも高句麗の達沙《だちさ》らによる調進について、また六年正月条は高麗の使人乙相賀取文《おっそうがすもん》らが筑紫から難波館に到ったことを記述している。同時に日本側は斉明二年九月条によれば、大使膳臣《かしわでのおみ》葉積《はづみ》以下の使節を高句麗に派遣している。白村江での大敗の後も高句麗は前部能婁《ぜんほうのうる》（天智五年正月条）や乙相奄鄒《おつそうあんす》（同年十月条）らが遣わされており、天智七年七月条には「高麗、越の路より、使を遣して調《みつぎたてまつ》進る風浪高し。故に帰ることを得ず」とある。

③高句麗滅亡後の交渉

唐が高句麗の泉蓋蘇文による大王弑逆による内訌に乗じて数回にわたる出兵を試み、さらに新羅との連合によって百済を六六三年に滅ぼし、ついには六六七年に高句麗の滅亡にいたる。その後の高句麗は新羅の保護のもとで、日本に遣使を天武朝までつかわす。

以上、推古朝以来の日本と高句麗の関係を概略してみたのであるが、星宿図は高句麗の兵乱のときに河に沈められたことともに、両者の交渉が安定していた時代に高句麗から当時の天文学の知識が直接伝わったとすればその契機は①か②によるものであろう。ただ、②のような遣使が天文図のような学術的なものを携える可能性は少なく、どちらかといえば、①の僧侶たちによってもたらされた可能性が高いと思われる。関連することとしては、推古十年十月条の百済の僧観勒《かんろく》が天文地理の書などをたてまつったとする記事である。観勒がもたらした天文書がどのようなものであったか不明だが、僧侶たちの知識に天文があったことをうかがわせる。とすれば、キトラ古墳のものと同類の星宿図が高句麗から日本に入ったとすれば僧侶によるものであろうというのも一つの想定となろう。

さらに別の想定をするならば、星宿図が直接に高句麗から日本に伝来したと断言できるものではなく、観勒がもたらした天文図の中にさまざまな星宿図があったことも想像しておいてよい。そのような想像を導くのは、最近、飛鳥池遺跡から「丁丑年」（天武六年、六六七年）と書かれた木簡とともに「観勒」、「天皇」という墨書木簡が出土したという事実である。推古紀十年（六〇二）に百済から渡来した観勒の没年が定かではないが、天文地理の書をもたらしたとされる人物名からみて、「天皇」木簡はいわゆる大王の称号ではなく、北極星のことではないかと見る向きもあるが容易に判断できない。発見当時の論調は天武朝と天皇号のはじまりを結びつけるものが多く、その後もその説は有力である、

堺市の行基ゆかりの大野寺の土塔の近くで検出された須恵質の容器（奈良時代末～平安時代初頭）に記されていた「洞天」と「天皇尊霊」という文字がある。「洞天」は道教の仙人の宮のことで、「天皇尊霊」は北極星の神を指すものと思われる。ひるがえってこの事例から飛鳥池遺跡の「天皇」木簡をみると安易に天皇号と解釈してよいかどうか慎重でなければならない。百済からもたらされた天文図が高句麗の影響を受けていても不思議ではなく、飛鳥寺の様式が高句麗のものでそれを百済の工人によって建立されたとする前掲の場合は想起してよい。

天文に積極的に関心を示したのは天武天皇で、即位前紀に「天文・遁甲に能し」と、あ

るいは、四年（六七五）正月条に「占星台」を立てたとする記事によって知られる。この占星台においてどのような天文図がテキストとして用いられたかは定かではないが、星宿図に相当するものがあったはずである。

被葬者像についての憶測

朱雀を超小型カメラはとらえなかったが、壁面に四神のうち青竜・白虎・玄武が描かれ、星宿図を天井石に配するという墳墓をどのように位置づけるかはむずかしい問題である。四神は四方の守護神であり、高松塚古墳でも確認されたが星宿図に対応する。星宿は、星座を描いたものであるが、その思想は『史記』の「天官書」に示されるように地上の官僚組織をなぞらえたものである。同書では天を中官・東官・西官・南官・北官の五官に分け、中官は天極星で代表され、太一神がそこにいて、その傍らに三公、正妃や後宮の星、さらに親衛する臣の十二星で囲まれた部分が紫宮とよばれる。このように星宿図は地上の帝国と対応するものである。それゆえに星宿図のもとに葬られる人物は「帝王」か、それに匹敵する人物と考えるのが自然な解釈である。とはいえ、研究上の原則からいえば、現状にあるデータから被葬者を詮索するのは邪道というべきであろう。

そのような理解と前提のもとで、被葬者像をあえて憶測するとなると、まず、当時の高位高官説はしりぞけてよいと思われる。キトラ古墳の所在地が阿部山であるので、持統・文武天皇の大納言であった阿倍朝臣御主人《あべのあそんみうし》という説もあるが、私は右に述べた理由で採らない。

そこで高松塚古墳のときもそうであったように天武系の皇子の名前があげられている。積極的に否定する根拠はないが、天武の後継者と目されていた草壁皇子の墓ではないかといわれる束明神古墳では壁画が検出されていない。また川島皇子説もあるが、『万葉集』（巻二―一九四、一九五）には越智野（高市郡高取町越智）に葬られたとうたわれているから論外といわねばならない。

当時の天皇陵あるいは皇子たちの墓は、原則として八角形墳である。舒明、天智、天武・持統陵は原形は八角形の墳形であったと推定され、束明神古墳もそのように解釈されている。斉明陵を牽牛子《けんごし》塚古墳とみるならば、「牽牛子」はアサガオのことでその花の形による命名だとすれば八角形であるからだと考えられる。

当時の天皇とその皇子たちの墓が八角形墳だとすれば、それはすでに説かれてきたように、道教において八方位でもって宇宙を象徴する思想に由来するものである。したがって八角形墳の被葬者は「宇宙王＝神」であった。「大王」にかかる枕詞が「やすみしし」というのは、「八隅を治める」ということもそのことと関係する。つまり、この時代の天皇とそれに関係する人物の墓は外から見て明確に「宇宙王」であることを顕示するものであった。八角形墳の出現は、地方にも築造された例があるが、本質的には称号としての「天皇」号の成立と連動しているといってよいであろう。なぜならば「天皇」は天の中央に輝く北極星で天皇大帝という道教の最高神との関係を考慮されるからである。

それでは、星宿図のもとに葬られた人物も「帝王」すなわち「宇宙王」にふさわしい人物とすれば、だれであろうか。高松塚古墳の発掘以来、研究者は被葬者を日本の天皇家や高位高官に限定してきたきらいがある。たしかに、その内部の豪華な装飾はおのずとそのような視線を投げかけやすいが、飛鳥世界が国際性豊かな土地であったならば、壁画古墳に葬られた人物についても国際的な観点から考察すべきであろう。

キトラ古墳については、蘇我氏のもとで勢力をもった渡来系の東漢《やまとのあや》氏を被葬者と想定する説はその本拠地である檜隈と古墳の立地との地理的関係から傾聴すべきであろう。ただ、星宿図と四神図という壁画を彼らの墳墓に描かねばならないという必然性は十分に浮かび上がってこない。しかし、壁画墳の伝統を継承してきた渡来系集団の中から被葬者を探るのが一つの選択ではないかと思う。

渡来系の中から「宇宙王」に相当する氏族を見いだすとすれば、「百済王氏」を除いて他にないと私は考える。結論を先にいうならば、キトラ古墳、そして高松塚古墳に葬られた人物は百済王家につらなる人であろうと私は憶測している。天武・持統朝は親新羅であったから百済王家を考えることができないとする説があるが、以下に挙げる『日本書紀』の記事に目配りが全くなされていないといってよい。また、藤原京の南は皇族の墳墓の地であって渡来系の人物を葬ることはないという見解もあるが、これも以下にみるように百済王家は冠位など特別の待遇を受けていることを考慮しないと、一種のナショナリズム史観に陥る危険性をはらむ。その他、キトラ古墳の調査直後にマスコミで報じられた印象的なコメントには問題とすべきことが多いが、ここではそれにふれないでおきたい。

韓国公州の宋山里古墳群の六号墳は、北壁に玄武、東壁に青竜、西壁に白虎を南壁に朱雀・日月・雲文を描く。宋山里古墳群は王陵ないしは王族の墳墓群とみられているので、六号墳の被葬者も王族に関係する人物であろう。扶余の東方に位置する陵山里古墳群の東下塚も壁画に四神を描く壁画墳であり、王陵群と伝承される古墳群の一つであることは注目すべきであろう。東下塚は四壁に四神図の他に飛雲文・日象図、天井に蓮華文・飛天文が描かれているが、高句麗壁画の影響を受けていると指摘されている。

つまり、百済王家が壁画墳の伝統をもち、王家につながる人々が日本に渡来していたならば、死後壁画墳に葬られる可能性はあるとしてよい。

舒明紀三年三月条「百済の王、義慈、王子豊章（豊璋）を入りて質とす」とあるが、百済王家の善光（禅広）も同道している（『続日本紀』天平神護二年六月二十八日条）。舒明三年（六三一）は百済は武王の時代で義慈王はまだ即位していないので、『日本書紀』に誤りがある。ただし、『続日本紀』天平神護二年条の百済王敬福の薨伝にも善光の渡来は舒明朝とあるので、百済が新羅との関係が悪化することが予想される中で日本とのつながりを緊密にすることが目的であったのであろう。『日本書紀』に義慈王とするのはおそらく追記とみてよい。

舒明紀の記事で、百済宮と百済大寺を造るという記事は注目してよい。なぜならば、その場所が百済川のほとりであったというが、宮号に外国の国名をつけるというのは、今日のわれわれの常識からみると、異例と思われるからである。そのような命名がなされた理由は、百済という地名が違和感なく当時の日本に定着していたか、それとも、百済との関係が極めて友好的であったからであると考えられる。後者をとるならば、豊璋らの渡日とも関連することになる。

皇極二年是年条には「百済の太子余豊《よほう》、蜜蜂の房四枚を以て、三輪山に放ち養う。而して終に蕃息《うまは》らず」という記事を載せるが、余は姓であるので余豊は豊璋のことをいうが、このような蜜蜂の記事を挿入した『日本書紀』の意図するところが不明である。もしかしたら、ろうそくの原料を採取するためであったかもしれない。

白雉元年二月条に吉祥の白雉があらわれたので、天皇の前に輿にのせて運ぶ儀式の際に左右大臣は百官とともに百済の君豊璋、その弟塞城・忠勝、高麗の侍医毛治、新羅の侍学士などを率いて中庭に進んでいるとあるが、宮廷の周辺には、渡来人の王家と識者からなるブレイン集団の存在をうかがわせる。おそらく、そこでは朝鮮半島の先端的な文化情報が集積されていたものと想像できる。このような状況において、私は百済王家の墳墓の造営にあたり、高句麗の影響をうけた星宿図が描かれる可能性は大いにあったと考える。

しかし、東アジアの地政学的な情勢は危急であった。唐と新羅が百済に侵略する事態となり、斉明七年四月条は百済の福信が使節を派遣して王子糺解《くげ》（豊璋）を帰国させることを乞うたと、また天智天皇即位前紀九月条には「皇太子長津宮（娜大津）に御す。織冠を以て百済の王子豊璋に授けたまふ」と、さらに同条に豊璋が本国に帰還するにあたり五千人もの兵によって護衛し、国に着いたときに福信が迎えて国政を委ねたとある。やがて豊璋軍と日本軍が白村江で大敗し、豊璋は高句麗に逃亡するが、善光は帰るべき故国を失う。

天武紀四年正月朔条に善光は大学寮の学生、陰陽寮、外薬寮（天皇の服薬などにあたる役所）、舎衛《しゃえい》（インドの祇園精舎の近くにあった都城）の女、堕羅《だら》（タイのメナム川上流）の女、新羅の仕丁らとともに薬や珍異なるものをたてまつっている。正月朔日に薬と珍異なものを貢上したのは天皇の長寿を願う御薬日の行事のことである。その四日後に占星台が完成するので、飛鳥はその話題でにぎわい、天文学に関わっていた学者・技術者は渡来系の人々であったと思われる。

天武紀朱鳥元年九月三十日条には天武の死に際して、善光は老齢であったためか、子の良虞が代わって誄しているが、このことは百済王家が宮廷と近縁な関係にあったことを推測させる。

持統五年正月七日条に正広肆《しょうこうし》百済王余禅広（善光）・直大肆《じきだいし》遠宝・良虞・南典（いずれも百済王家）がそれぞれ物を賜っていると記すが、善光は後の従三位に相当する冠位にあった。同月十三日条では、善光に百戸から二百戸へと食封《じきふ》が増された。高市皇子の三千戸と比べたら少ないが、百済王家の処遇を配慮していたことがうかがえる。同七年正月十五日条では善光は正広参《しょうこうさん》を賜っている。持統六年（六九二）末か七年正月に没したためにこの冠位を賜ったと推定されるが実際のところ実年代は不明である。高松塚古墳に副葬されていた海獣葡萄鏡が遣唐使が唐の文物を持ち帰ったものとして、高松塚古墳を慶雲元年（七〇四）以後の造営とする説は魅力的であるが、仮にそうであっても、善光が正式に墳墓に葬られた年代をどのように見積もるかの問題の中におさまるであろう。

一方、善光の子、百済王昌成は天武三年（六七四）正月に死去している。父親より二十年ばかり前に先立っている。キトラ古墳と高松塚古墳の築造年代が明確ではないが、示唆されているようにキトラ古墳が先に造られたとすれば、百済王昌成を被葬者の候補の一人にあげてよいと思う。そのように仮定すれば、高松塚古墳の墓主は百済王善光であると考えられる余地がある。このように想定することによって両古墳の四神図の類似性が理解できる。また、高松塚古墳にのみ描かれた人物像は、キトラ古墳の被葬者よりも位の高いことを明示するとすれば、右の被葬者像の想定はそれなりの落ち着きを示すのではないかと思う。

さらに憶測を重ねてみたい。百済王昌成が死去した翌年に占星台が完成している。とすれば飛鳥で天文学的関心が最もたかまった時期である。昌成の墳墓に最も詳細な天文図（星宿図）が描かれる状況があったといえないことはない。

その後さらに、キトラ古墳の調査で石室の壁面に虎の獣頭人身像がカメラで撮影され、その他の壁画の痕跡と位置から十二支像が描かれている可能性があると報告された。いったいキトラ古墳において十二支像はどのような意味をもったのであろうか。十二支像は被葬者を守護するという見解も報じられたが、そのような想定に導いたのは、新羅の墳墓の周囲に建てられている十二支を表す石像あるいは中国の墓誌さらには俑などの事例からであろうが、しかし、キトラの場合は、墳墓の内部に描かれている壁画であることに注意しなければならないのではないか。

キトラ古墳の場合、すでに精密な星宿図（天文図）と、右回転を示唆する四神図が確認されている。ところが図像の見事さに眼を奪われて、東アジアにおける類例や粉本についての関心は高まったが、図像の意味を深く問われることがなかった。例えば四神図についても、四方の守護神ということで、一応納得されていたようだ。しかし、中国漢代の『淮《え》南子《なんじ》』の天文訓や『史記』天官書にあるように、四神は天空に位置し、例えば東方七宿（宿は星座のこと）が青龍に属したように、四神は星宿と対応するものである。そのことを考えると、キトラ古墳の四神図は、星宿図に関連させて天空の表現と解釈するのが適当であろう。

同じように、天空を十二に分類することもなされ、その方位は十二支で表された。だから今回推定された十二支像もまた天空に関するものと理解することによって、キトラ古墳の石室壁画を全体として把握することが可能となる。ということは、星宿図、四神図、十二支像でもってワンセットとして天空の表現とみることができるというのが私の考えである。

思想的には被葬者は天空の世界に昇る（昇天）ということと関係をもち、石室は「天」あるいは「神仙世界」としてイメージされたのであった。

そうすると高松塚古墳の場合はどのように解釈したらよいのであろうか。これについては、地域によって年代差があるが、東アジアの墓制の変化と連動して考察するのがよいのではないかと思う。壁画のモチーフが天空世界に加えて被葬者の日常生活の主題が表現されるようになることが指摘されている。それは死後の空間ではなく、生前の被葬者の昇天に至る儀式上のプロセスであり、まさしく、高松塚の壁画にみられる星宿図と四神図と人物像はそのことを忠実に物語る。ということは、キトラ古墳から高松塚古墳への変化は、墓制にも変化があったことを想定させる。

宇宙を思う心

キトラ古墳の壁画の意味については、右に述べた通り、天空世界の表現であることはまちがいないであろう。葬られた人物は死後天空世界に昇ったということになる。つまり昇天である。壁画によって描かれた天文世界こそ宇宙そのものであった。

人はなぜ宇宙を意識するのかという問いかけは興味深い。この問いかけの前に宇宙とは何かと、より基本的な問いかけがある。宇宙とは、今日われわれが知識としてもっている天文学的な存在だけに限られない。宇宙とは秩序をもつと人が認識する空間であるというのが、私の定義のようなものである。最も身近な宇宙は「身体」そのものである。身近な宇宙という言い方が適切ではなく、自分の身体の近くではなく、身体つまり身内（ミウチ）が宇宙なのだ。

「ミウチ」を『大辞林』で調べると①からだじゅう。全身②家族や近い親類③同じ親分に属している子分たちとある。①のからだじゅうというのが、肉体としての身体のことを指すのはいうまでもない。身体が宇宙とみる考えは古くからある。なぜ身体が宇宙であるかといえば、身体が、内臓や血管あるいは神経などでもって秩序が保たれているからである。つまり、宇宙とは秩序ある空間とみると、身体はまさにその通りである。宇宙として身体をとらえる考え方は、ローマ時代の建築家ヴィトルヴィスによって考察されているし、ヨーロッパルネサンスではレオナルド・ダヴィンチの身体図にも表現されている。東洋ではとりわけ漢方医学の身体観にそのような考えをみることができる。針灸などでは、局部的に症状を訴える箇所の治療よりも、身体全体の調整を重視する。このような医学的な観点からいえば、東洋の医学のほうが、患部のみに治療の重点をおくヨーロッパの近代医学よりも宇宙論的といえる。

先にあげた辞書の「ミウチ」の②の解釈は家族や親類であるが、本来「ミウチ」の「ウチ」は、「ソト」（外）に対することばであるから、おのずと空間的な枠組みでくぎられて

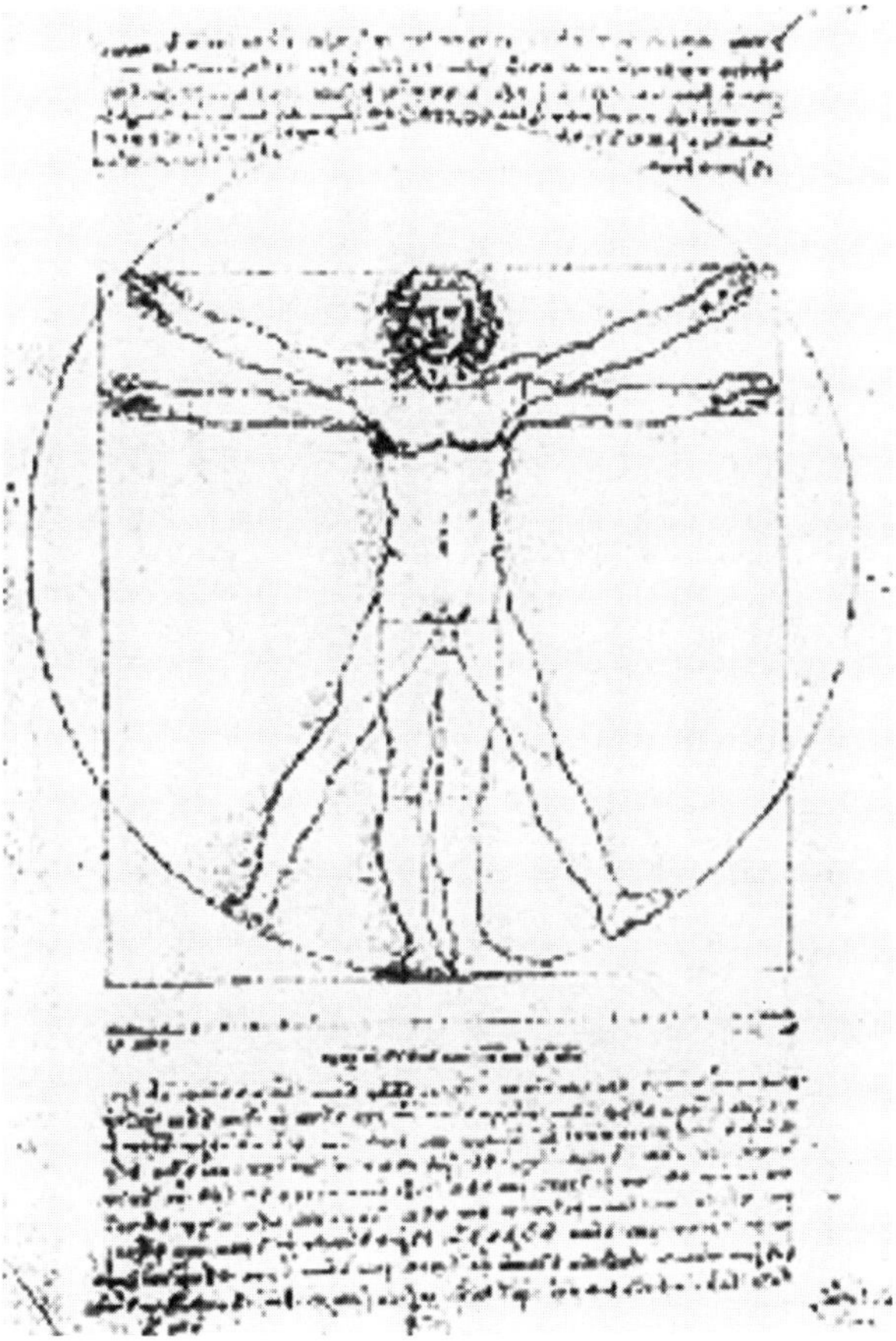

レオナルド・ダ・ヴィンチの身体図

いることも念頭におかねばならない。家族は、もともと同じ屋根の下に住むのが、普通のイメージであるので、住居と家族が一つの宇宙をつくっていることになる。そのような宇宙がグラグラとゆるぎはじめたのが現代の病理現象である。辞書の②の説明の「近い親類」も、いささか古い例をあげるが、本家と分家との関係も、本家の住居と分家のそれとが空間的なつながりをもつことによってはじめて空間的秩序がつくられる。現代風にいえばネットワークであるが、このことばそのものも空間的な広がりをもつ。あえて辞書の③の説明にも、話をひろげるならば、親分と子分の関係からできる集団もまた縄ばりという空間的秩序の中で保証される宇宙であろう。

身体の次に意識される秩序ある空間といえば計画された都市である。計画都市のプランは、身体の宇宙観を投影することは、以前から語りつづけられてきた。ヨーロッパの場合は、身体の中心を「へそ」とするために都市の中央に広場を配置し、そこから手・足をのばしたように放射状の道路が四方八方にのびるようなプランとなる。東洋の計画都市の場合、身体を頭の上からみて両手を前につき出したような形をモデルとするタイ北部のヤオ族の例がある。これが東洋の計画都市のプランのすべてに通用するわけではない。むしろ東洋とりわけ中国の古い都城は天空をモデルにしてそれを地上に写しとるという理念が一般的である。その点において身体観との対応は見出しがたい。

日本古代の都城プランを宇宙観との関連から説明しやすいのは、藤原京から平城京へ遷都するにあたって、元明女帝がだした詔のくだりで次のような一節がある。

……方今《いま》平城の地は、四禽図に叶ひ、……

四禽とは、まさにキトラ古墳や高松塚古墳の壁画に描かれた四神のことにほかならない。先に述べたように四神は、天空世界の四方位に配置された神獣である。だから平城京のプランは天空世界の創出とみてよい。この場合、平城京という都市は宇宙を表現している。明らかに秩序ある宇宙空間をつくることが意図されていたと考えてよい。ただ四神を四方位に関連させるという思想は、正確にいえば中心を加えて五つの象徴的事物をもって世界の秩序を読みとろうとするもので、五行思想に基づく。五でもって世界を秩序化する考えである。そして同じことがキトラ古墳や高松塚古墳にもみられるのである。

右にふれたように墳墓や都城に宇宙を見ようとするのは、人間の心がつねに秩序ある空間をよびこもうとするからであろう。あるいは、王や天皇という位にある人物は、みずからの支配者として権力の及ぶ範囲を天のはて、地のはてまでと考えるからである。人間の宇宙を思う心は、地上に立って視界に入る風景を超えて際限のない天空にまで飛翔する。そしてそれが秩序ある空間の最大の広がりであって、支配する人々の心はその広がりと一致するとき、はじめて安堵感をいだくのである。だがそれは観念の産物であって、現実の宇宙空間である都市が秩序を保つことはほとんどあり得ない。常に秩序を乱す力学が働き、混沌としたカオスの世界に変貌する。だからこそ人々は秩序ある宇宙を創成したい欲望にかられるのだ。

第六章　「直」という違和感――藤原京

いうまでもないことだが、一般的に、計画された古代景観は直線からなる。古代の宮都はその典型である。六九四年に飛鳥から藤原京に遷るが、藤原京を日本最初の本格的な都城というような呼び方をされることがある。基本的に中国の都城をモデルにして碁盤目状の区画からなるからだ。藤原京をまのあたりにした当時の日本人にとって、違和感のある風景であったと想像できる。日常的な風景に、計画都市があらわれるという光景に、なじみにくいのは、人間にとって普遍的な出来事である。

直線で地表を刻むことによって宮都という計画都市が生まれるのだが、福永光司によると、直線の文化は中国の北部に属し、南の文化は曲線であるという（『「馬」の文化と「船」の文化』人文書院、一九九六年）。中国北部を馬の文化としてとらえ、馬の疾駆するさまから、直線的な処世態度を優位とするのに対して、南の船の文化は、水にしたがってゆらゆらと進む船のように曲線を好むという。『老子』第二十二章に「曲なれば則ち全し」とあるように、曲線的な処世が安全無事で、最後に勝利者になると説かれる。

日本の文化が、直線的か、それとも曲線的かは、簡単に決められないが、歴史をさかのぼって、中国の江南の影響を受けている点を強調すれば、曲線の文化であろう。とすれば、直線的な計画都市は、ことのほか、違和感を増幅する存在であったのではないだろうか。

藤原京のプラン

近年橿原市と桜井市で、藤原京の西京極および東京極と推定される大路が検出され、平城京をしのぐ京域である可能性が現実味をおびた。藤原京の研究史において、岸俊男の復原案は古代の道路を京極とするもので、説得力をもつものであった。ところがその後の発掘調査で岸説の京域の外側から京の大路や小路に相当する遺構が発見され、いわゆる大藤原京説が提起された。この大藤原京説は平城京と同規模であることを前提としたものであったが、今回はそれよりも大きく、東西幅約五・三キロメートル、南北約四・七七キロメートルであるという。

復原案の中では小澤毅の説が理解しやすいが、問題点がないとはいえない。例えば南京

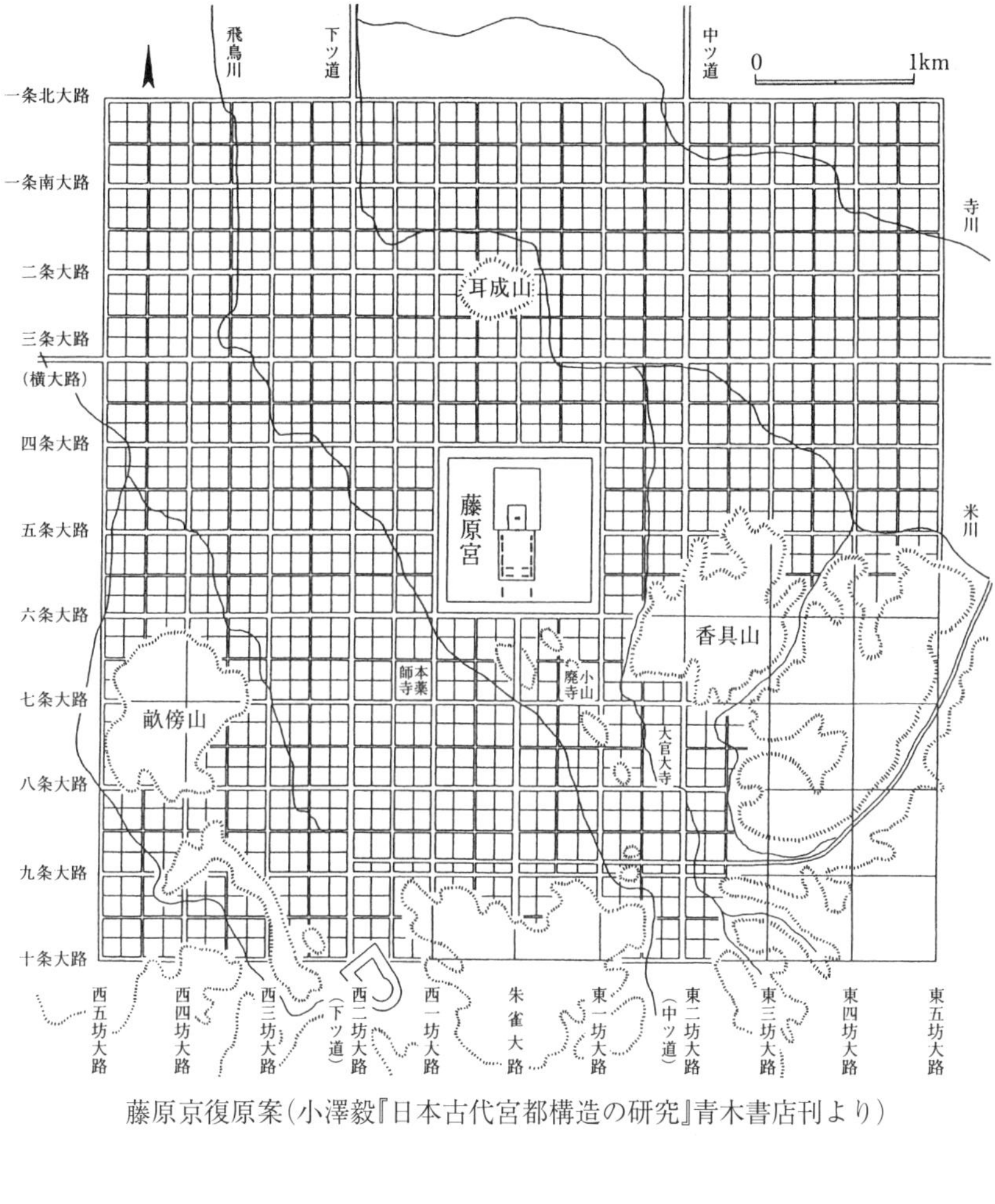

藤原京復原案(小澤毅『日本古代宮都構造の研究』青木書店刊より)

極の決め手になる羅城門の遺構が見つかっていないことなど不確定な要素がある。仮に、近年の復原案が実体に近いとすればどういうことになるかについて、以下に略述したい。

(1) 藤原京が平城京の面積を上回るとすれば、古代の宮都史は当然書きかえられねばならない。京の大きさのみが、律令体制の確立と対応すると即断はできない。とはいえ天武天皇から持統、文武天皇の時代に、浄御原令《きよみがはら》、大宝令を施行することによって国家が中央集権的な統治力の高まりを示したことを投影しているのではないかと思わせる。

(2) 藤原京の計画は生前の天武天皇によってなされたが、病死によってその遺志は皇后であった持統天皇に引き継がれる。天武の宮は飛鳥浄御原宮にあったが、今回の壮大な京域と比較にならないほど狭い。飛鳥の宮から突然に巨大な藤原京が天武の頭に浮かんだのではないという点も考慮しなければならない。

というのは飛鳥と藤原京の中間項として倭京《やまとのみやこ》の存在を無視してはならないからだ。倭京という言葉は『日本書紀』の天智天皇六年（六六七）の記事にはじめてみられるが、その後持統天皇の藤原遷宮まで何度か散見され、同時に京師《けいし》（都のこと）、新城という表現もあり、それらの地理的な位置関係は明らかではない。しかし、倭京に二十四の寺があったというから、飛鳥の範囲におさまるものではない。

また天武天皇は新城や京師を行幸し、ついに京師に宮の地を定めたとある。このことは、

藤原宮跡

すでに飛鳥の外にかなり広い京が存在していたことを想定させ、そこに新たに宮をおくことにしたと解釈してよいであろう。おそらく飛鳥と新城、京師などが倭京の内部に含まれていたと思われる。だから壮大な都が突如出現したとは考えがたい。

(3)　このことと関連するが、『日本書紀』には藤原宮という言葉はあるが、藤原京という名称は一度も使われず、新益京《あらましのみやこ》で統一されている。これについて、以前から飛鳥に新たに付け加えた都という意味と解されてきた。しかし『日本書紀』にそって考えるならば、倭京を拡大した都の意ととるのが自然であろう。つまり、巨大な藤原京(新益京)が企図される素地は、すでに天武朝以前からあった倭京であると考えられる。

(4)　六九四年に持統天皇が藤原宮に遷った時点で、壮大な藤原京が完成していたとは思えない記事が『続日本紀』文武天皇の慶雲元年（七〇四）十一月の条にある。それは、はじめて藤原宮の地を定めたので、「宮中」に宅地をもつ人々千五百五戸に布を賜うというものである。この場合人数からみて宮は京の誤記であると思われるが、これが事実とすれば、この年に巨大な藤原京ができあがったことになる。つまり、早くから存在していた倭京を徐々に整備しながら京としての形をつくりあげていったという過程を考えるべきであろう。

だが、それから三年もたたない慶雲四年二月に文武天皇は遷都について議している。そして、七一〇年には元明天皇による平城遷都となる。またたく間に藤原京は廃都となる。その廃都にしなければならなかったのは、ひとえに政治的な理由による。その理由とは文武天皇と藤原宮子との間に生まれた首《おびと》皇子を天皇に即位させるべき新しい都の創出であった。都市環境の悪化によるとまことしやかに述べられているが、王権の力で環境はいかようにも整備することができたはずである。

(5)　さらに大藤原の復原案において、特異なのは、宮域が京のほぼ中央に位置するということである。宮が京の北端におかれる平城京や平安京と大いに異なる。その理由の一つとして、中国の経書（古代の儒教の基本的な書籍）の一つである『周礼《しゅらい》』考工記に宮は中央におくとある理念を実現させたということをあげられるかもしれない。もしそうならば、中国の長安城などの単なる模倣でないといってよいが、私は大和三山にかこまれて宮の配置を決めたことが、復原案のような形となったのではないかとも考える。

なぜならば、中国に起源する道教に傾倒していた天武天皇は、東海に浮かぶ仙人の住む三神山（方丈・蓬萊・瀛洲《えいしゅう》）を大和三山に見立て、その位置的なバランスから宮を京のほぼ中央に配したことによるのではないかと想定されるからである。

驚いたことに、三山の頂点を結んでできる三角形の垂心（頂点から向かい側の辺に直角に引く線が交わる一点）が、まさしく正確に藤原宮の大極殿のところに来る。実際の造営事にそのようなことがなされたかどうかはわからないが、みごとな幾何学的一致である。ある会合でこのことにふれたところ、後で「千田さん、そんなこと本気で信じているのか」と軽蔑するような口調が私に向けられた。本気で信じるとか、信じないという次元の話をしたわけではない。地図上で作図するとそのようになるという事実をいったまでである。

大極殿と三山の位置関係はともかく、三山を藤原宮の造営に意図的にとりこんだことは、次の万葉歌からもたしかめることができる。

藤原宮の御井《みゐ》の歌

やすみしし　わご大王《おほきみ》　高照らす　日の皇子　荒栲《あらたへ》の　藤井が原に　大御門《おほみかど》　始め給ひて　埴安《はにやす》の　堤《つつみ》の上に　あり立たし　見《め》し給へば　大和の　青香具山《あをかぐやま》は　日の経《たて》の大御門に　春山と　繁《しみ》さび立てり　畝火《うねび》の　この瑞山《みづやま》は　日の緯《よこ》の　大御門に　瑞山と　山さびいます　耳成《みみなし》の　青菅山《あをすがやま》は　背面《そとも》の　大御門に　宜《よろ》しなべ　神さび立てり名くはし　吉野の山は　影面《かげとも》の　大御門ゆ　雲居にそ　遠くありける　高知るや　天《あま》の御蔭《みかげ》　天《あめ》知るや　日の御蔭の　水こそば　常《とこしへ》にあらめ　御井《みゐ》の清水《ましみづ》（巻一―五十二）

歌意はおおよそ次のようである。わが大君は藤井が原に宮殿をはじめてつくられて、埴安の堤の上にお立ちになって、ながめられると青々とした香具山は、東の御門に春の山として樹木が繁ってそびえている。畝火のみずみずしい山は西の御門に山らしくある。耳成の青菅山は北の御門にみごとに神らしくある。名のうるわしい吉野の山は南の御門から天空の雲のようにはるかに遠くある。この山々で囲まれた宮殿の水こそは、永遠にあって欲しい、この御井の清水。

歌によまれているように、三山を宮の重要な構成要素にしたのは、藤原京の永遠の栄華を期したためである。権力者であろうと庶民であろうと未来へと続く安定な日々を願う。にもかかわらず現実は思い通りに事が運ばない。藤原京は十六年で幕を閉じる。元明女帝が未練を残して平城京に向かう気持をよんだ次の万葉歌を表面的に飛鳥の近く眠る夫草壁皇子への追憶と読み解いては、遷都という政治的事件から目をそむけてしまうことになる。

和銅三年庚戌の春二月、藤原宮より寧樂宮《ならのみや》に遷りましし時に、御輿《みこし》を長屋の原に停《とど》めて迥《はる》かに古郷《ふるさと》を望みて作る歌　一書に云はく、太上天皇の御製といへり

飛鳥《とぶとり》の明日香の里を置きて去《い》なば君があたりは見えずかもあらむ

一に云ふ、君があたりを見ずてかもあらむ（巻一―七十八）

歌にいう太上天皇について、私は元明天皇説をとったが、遷都の時点では太上天皇ではないので持統上皇とみるむきもある。後に元明が太上天皇となった時の名称を編者が採用したとみてよいのではないか。天理市付近とされる長屋の原に御輿をとめて飛鳥の方を望んでよんだ歌である。また歌にいう「君」を亡き草壁皇子と解する説に従ったが、飛鳥の地霊とみる一説がある。その説をとっても遷都に対する消極的な気持ちが漂う。

この歌は不本意にも永遠の栄華を願った藤原京を政治的な圧力によって廃都しなければならなくなった断腸の思いを亡き夫に語りかけたのである。

藤原京と中ツ道

古代の奈良盆地を南北に三本の幹線道路、上ツ道、中ツ道、下ツ道が約二・一六キロメー

トル（四里）の等間隔で並走していたが、その中ツ道の遺構が藤原京（六九四—七一〇）の一条大路（発掘調査では岸説の藤原京によるのが慣例となっているが、近年の復原案では大路の呼称が異なる）と交差する付近（橿原市出合町）で発掘調査によって検出された。

中ツ道の痕跡は、地図などによって歴史地理学的には確かめられていたが、発掘調査によって、それも藤原京域によって検出された意義は大きい。

南北に走る三本の幹線道路がいつごろ作られたかは、不明ではあるが、『日本書紀』には壬申の乱（六七二）の戦場であったことが記されている。

この発掘での注目すべき成果の一つは、中ツ道がある時期に側溝心心《そっこうしんしん》距離（道路の両側に掘られた溝を側溝という。その幅の中心間の長さ）が一六メートルから二七・五メートルに拡幅されているという事実が明らかになったことである。

拡幅された年代は明らかではないが、藤原京の造営と無関係ではないと思われる。なぜならば、中ツ道は藤原京の東四坊大路（岸説藤原京）であるから、京の骨格としての意味をもったと考えられるからである。それは、下ツ道が藤原京の西四坊大路（岸説藤原京）であることと同様である。

しかも、これら二つの大路の幅が、中心軸である朱雀大路よりも広いという。もし、中ツ道の拡幅の年代が藤原宮への遷都の時期に関連するならば、朱雀大路は象徴的にすぎず、

横大路と下ツ道の交差点

むしろ中ツ道、そして下ツ道が藤原京にとって枢軸的な道路であったと想定できる。これら両道だけではなく、幹線三道の一つである上ツ道も桜井市あたりから飛鳥に向かってカーブし、藤原京域に東西路として通じ、東西に走る横大路も京域を走る。このことは、藤原京は陸上交通の結び目を意図してつくられたことは明らかである。後の平城京などの都にはこれほど陸上交通の要地としての特質をうかがうことができない。

いったい、藤原京とは何であったのか。律令による法治国家を整備するには、京および畿内を設定するとともに、七道からなる地方の行政空間を統治することが急務であった。そのためには、京と地方との間に緊密な情報ネットワークを構築することであり、それが、藤原京造営にあたって交通結節点的な機能に重きをおかれた理由の一つであったと、私はみる。そのことを『日本書紀』に求めるとすれば、藤原京遷都以前の天武天皇十四年（六八五）条に、東海道などの諸道に地方の状況を視察するための使者を派遣したとする巡察使についての初見記事がある。国家という空間を早急に統治するには、藤原京が交通と情報の中心地となる具体的な空間装置として建設しなければならないと天武は構想した。

だが、中ツ道を京の交通機能にのみ関連させるだけでは不十分である。すでに岸俊男が指摘したように、南へと道筋の幾何学的な延長線を引くと、橘寺の背後にある「ミハ山」（神山）という小字名の場所にあたる。「ミハ山」は万葉歌にみる「神奈備山」、「神岳」のこととみられ、中ツ道は神に向かう道であった。また、藤原京から中ツ道を南に向かい、飛鳥川沿いの道をとって芋峠《いもとうげ》を越えると吉野川に出て、そこから東に向かうと不老不死の仙人の住み処に見立てられた吉野の宮に至る。女帝持統が三十数回行幸したルートである。いずれも宗教的な聖地をめざすものであった。さかのぼって、皇位継承に不満をいだき、天智天皇の大津宮から飛鳥を経て吉野に入った大海人皇子（後の天武）もまた、「虎に翼をつけて放した」ようなものだと恐れられながら、決意を秘めて中ツ道を急いだし、和銅三年（七一〇）の平城京遷都にのぞみ、女帝元明が藤原京から平城へと、飛鳥に心を残しつつ中ツ道を北に向かったと万葉歌にあるように歴史の転回を導いた道でもあった。

かなたの神へ

右にふれたように、中ツ道は、飛鳥の神奈備そして吉野宮を意識した道であった。しかし実際には、中ツ道の痕跡は飛鳥からみつかっていないし、吉野宮の位置と想定されている吉野町宮滝遺跡の位置も中ツ道をまっすぐに南に延長線を引いたところにあったわけではない。そうであるけれども中ツ道を南に行くことは神のありかに向かうことであった。次の万葉歌もすでに岸俊男がとりあげているが、奈良から中ツ道を南に向かう道行きの歌である。

幣帛《みてぐら》を　奈良より出でて　水蓼《みづたで》　穂積に至り　鳥網《となみ》張る　坂手を過ぎ　石走《いはばし》る　神名火山《かむなびやま》に　朝宮に　仕へ奉《まつ》りて　吉野へと　入り坐《ま》す見れば　古《いにしへ》思ほゆ
（巻十三―三二三〇）

幣帛とは、「御手座《みてぐら》」の意味をいうと説があり、神に奉る物のこと。御幣《ごへい》、ぬさをいう。右の歌では「幣帛を」は奈良にかかる枕詞で、「ミテグラ」を神前にならべるので、「ならぶ」と同じ音の「ナラ（奈良）」にかかるという一説がある。水蓼はタデ科の一年生の草本で水辺に生え、穂状の花をつけるので、穂にかかる枕詞。ここでは「穂積」の穂にかかる。穂積は奈良市東九条町付近にあった穂積寺あたりであろう。「鳥網張る」も「坂」にかかる枕詞。「鳥網」は坂のところに網を張るところから「坂」にかかる。「とりあみ」ともよばれ、鳥をとらえる綱で、その一種の「かすみ網」は細い糸でつくったものであるが、今日では鳥類保護の立場から、禁止されている。「鳥網張る」は、この場合「坂手」にかかるのだが、「坂手」は、現在の磯城郡田原本町の地名として残る。「石走る」は水の流れが激しく岩にぶつかって流れる様子で、「滝」などにかかる枕詞であるが、ここでは枕詞としては使われていない。歌の流れからみて飛鳥川のことをいっていると解釈できる。むしろ、これに続く「神奈備山」と組み合わせて読み解くべきであろう。それは、聖なる山、この歌では飛鳥の「神名火山」(ミハ山)をとりまくように飛鳥川が流れている光景のことをよんだもので、山と川が組み合わさることによって「天」の象徴とみる中国に古くより伝わってきた風景観である。その「天」をあらわす風景のところにある。「朝宮に仕へ奉りて」は、文字通りに解釈すれば「朝の宮仕え」という。朝の宮にお仕えして、大君が「吉野へ」と行かれるのをみると、昔のことが思い出されるというのが歌の意味であろう。

歌の流れが、十分に読みとれない感もしないわけではないが、地名などからみて中ツ道をうたったと思われ、中ツ道が飛鳥の「神名火山」から吉野へと聖なる場所を意図的に連なるイメージをかきたてる。

「道」は「ミチ」とよむのだが、「ミ」は神などにゆかりのあるものにつけられる接頭辞で「ミサキ」(岬)の「ミ」も同様であろう。だから「ミチ」は本来神がたどるか、あるいは神のありかにたどるルートを意味する。これが後世やや形式化したのが神社の参道であると、私は考えている。

中ツ道は、飛鳥の「神名火山」や吉野との関わりだけではなく、香具山の位置も念頭にいれて道づくりがなされたと思われる。中ツ道のルートを地図上に引いてみると、香具山の頂上部にはあたらないが、わずか西に離れた部分にいたる。

香具山が聖なる山であったことについて述べるまでもないが、中でも見おとすことがで

香具山遠望

きないのは、神武紀にこの山の埴土で祭祀用の器物を作ったので天下が鎮まったこと、あるいは崇神紀に香具山の土は「倭の国の物実《ものざね》」（倭の国の象徴となる物）とあることなどから、この山が倭にとって最も重要な存在として意識された。

右に岸説を引用し、中ツ道が「ミハ山」あるいは吉野との結びつきを述べたが、実際には香具山より南には中ツ道の痕跡が、今までのところ確認されていないとすると、むしろ中ツ道をつくるにあたって香具山の位置を基準としたという、別の見方もできる。

中ツ道と香具山がむすびつくとすれば、次の有名な万葉歌が思いうかぶ。

天皇、香具山に登りて望国《みくに》したまふ時の御製歌

大和には　群山《むらやま》あれど　とりよろふ　天の香具山　登り立ち　国見をすれば　国原は
煙《けむり》立ち立つ　海原《うなはら》は　鷗《かもめ》立ち立つ　うまし国そ　蜻蛉島《あきづしま》　大和の国は

（巻一―二）

この歌にいう天皇は『万葉集』に標記されているように「高市岡本宮に天の下知らしめしし　天皇の代」とあるので舒明天皇をさす。『万葉集』巻一の構成は、一首目が「雄略天皇の御製歌」で、次が右の舒明天皇の御製歌をかかげている。雄略御製歌を『万葉集』の冒頭にあげたのは、雄略朝が部民制や官僚体制の確立、元嘉暦という暦の使用などから画期とされているからであり、『万葉集』が雄略朝の後に舒明朝を配したのは、この時期

もまた王権の大きな画期とみたからである。その舒明御製歌が香具山での望国（国見）をよんだのは、当時の国家領域の支配がある程度かたまったからにほかならない。その思いを香具山の国見の歌に託しているのは、香具山の土は「倭の物実《ものざね》」であったからだ。中ツ道の南端に香具山があるのは、中ツ道とよばれた中軸線が倭の中心であることと関連があるのではないかと、私は考える。

中ツ道が飛鳥の「神名火」や吉野に向かって走るとしても、香具山と関わるとしても、「ミチ」のかなたに聖なるシンボルがあることにはかわりがない。

「ミチ」の向こうに神が、あるいは聖なるものが存在し、それに向かって徐々に歩む、そしてそれに近づいていく。人間の心が次第に浄化していく風景である。心が洗われていく過程とでもいうのがよいのかもしれない。

第七章　「栄華」を見せる——宮都論の新視角

宮都は、国家の首府として威風堂々とした風格がなければならないと、誰もが思ったにちがいない。だから、そのように宮都は計画され、建設された。宮都は、政治の中心地としての機能をもたねばならないが、同時に、外見として、宮都らしくなければならない。ただ、古代日本の宮都のカタチは、中国の都城のそれをモデルとして造られた。それは、中国文明圏の中にあって、先進的な中国の都城のカタチを倣うというのが、東アジアにおける当時の日本のあり方であった。

だが、私には、気がかりなことがある。それは、中国の都城のカタチをモデルにしなければならない地政学的な理由があったのか、それとも、先進的な都市デザインをとりいれるという単なる皮相的な意味があったのかという点である。いずれに目的があろうとも、他者に見せるという意志が宮都の造営にもあったと思われる。

そんなことを考えながら現代都市を歩いてみると、「見せつけられている」建築デザインの虚飾にうんざりすることがしばしばある。

藤原京から平城京へ

飛鳥に都があった時代以降の遷都について考えてみたい。

宮（宮のあるところが都）が特定の場所に定着し始まるのが、舒明天皇（在位六二九―六四一）の飛鳥岡本宮以降である。皇極の飛鳥板蓋宮、斉明の後飛鳥岡本宮、天武の飛鳥浄御原宮などの宮がほぼ重層的に同じ場所かその近接地に営まれる。この時点で、宮の同一地点での永続性の思想が芽生えたと考えられる。

天武天皇の遺志をくんで、持統女帝は六九四年藤原京（奈良県橿原市）に都を遷すが、正式の都の名称は「新益京《あらましのみやこ》」とよばれた。その意味は、「あたらしく追加したみやこ」というものと解釈すれば、先に述べたように飛鳥とその周辺にあった倭京に付け加えた都であって、宮の位置は遷ったが、後世のような遷都ではない。

藤原京は『万葉集』の藤原宮の御井の歌にうたわれるように、永遠の都を理想とするものであった。その基本的な思想は、天皇という称号の成立と、大極殿での即位にあった。

天皇という称号は、先にみたが中国の道教という宗教の最高神「天皇大帝」に由来するもので、宇宙を司る神という意味をもち、北極星を象徴化したものである。したがって、天皇は最高の神仙として存在し、かつ「大極殿」は仙人の住まいと擬せられた。このような観点からみると、天皇は大極殿で即位することによって、先帝から天皇位を継承し、再生し続けられる存在であり、大極殿のある都もまた再生されていくべきものであった。この原則からいえば遷都はあるまじき行為であったと考えられる。

しかし、現実の政治的状況は、都の永遠性という理念と相容れないものであって、遷都はいくたびか繰り返されることになった。

藤原京から平城京への遷都を推進したのは、藤原不比等である。文武天皇と、不比等の娘、宮子との間に生まれた首《おびと》皇子を天皇位につけるために、皇親勢力の強い飛鳥周辺の地を離れ、盆地の北端に新京を造営し、藤原氏の力を誇示しようとしたためであった。同時に、藤原京時代の末期まで中断していた遣唐使が復活し、唐の長安城の具体像を知ることができ、それをモデルにした都づくりがなされたことも考えられる。

奈良盆地の南、大和三山のあたりに藤原京が遷ってはわずか十余年間しか経っていないのに慶雲四年（七〇七）二月文武天皇は諸王や諸臣に遷都について、審議するようにという詔を下した。この時点で都を遷すべきとする気運があったと思われる。文武天皇は天武天皇の孫であり、草壁皇子の第二子で、母は阿閇《あへ》皇女（後の元明天皇）である。皇后をたてずに、藤原不比等の女《むすめ》宮子を夫人とし、大宝元年（七〇一）に首皇子《おびと》（後の聖武天皇）をもうけた。

文武天皇の治世は、先代の持統天皇つまり、祖母にあたる持統上皇との共同的な統治であったが、大宝二年（七〇二）に上皇が崩ずるによって藤原不比等は権勢への望みを強くもち、首皇子の即位に大きな期待をかけた。

藤原不比等は藤原鎌足の息子で、大宝律令の制定に中心的役割を果たしたように法律に通じている一方では、権力に対するあくなき野望があった。文武天皇の遷都についての詔が、持統天皇の没後にだされていることは、首皇子のために、新しい都を造営しようとする不比等の意図があったと思われる。

文武天皇は遷都を議させる旨の詔を下して四カ月後に死去し、元明女帝が即位した。文武天皇の母にあたる女性が、子供の文武天皇の後に即位するという変則的な順序であるが、即位にあたっての詔に天智天皇の定めた嫡子継承による即位の原則、つまり不改常典《ふかいのじょうてん》に基づくとあるので、首皇子が天皇位につくまでの中継的性格をもつといわれる。

元明天皇は即位して間もなく、和銅元年（七〇八）二月に遷都の詔を下すが、その骨子は、自分は薄徳の身をもって皇位についたので、遷都のことなど、とても考える時間がなかったが、王公大臣らが都を営むことの大事さをいうので、そのような衆議に従うとするものである。天皇みずから遷都を考えたのではなく、王公大臣の意向によって遷都するという詔の内容、つまり天皇の先導的な遷都ではないとするのだが、それが建前か、本音かという解釈は分かれる。私は、遷都の詔は、本音の部分が示唆的に表現されていると思う。

王公大臣とは、具体的には誰をさすのか、ということになる。詔は二月十五日に下されるが、その後、三月十三日に、石上麻呂が右大臣から左大臣に転じ、右大臣に藤原不比等が任じられている。そして平城遷都にさいして、石上麻呂は藤原京の留守官であったことからも、不比等の遷都についての発言が重きをなしていたとみてよく、首皇子擁立をもくろむ不比等を軸として、遷都の計画に向かっての意見が集約されていったのであろう。

元明天皇の遷都の詔について、さらに注意してよい点は平城は「四禽図《しきんと》に叶《かな》い、三山鎮をなす」土地であるとみなしている箇所である。「四禽」が図に叶うとは、四神（青龍・朱雀・白虎・玄武）を表す地形、地物が定められた方位のところにあり、三山が土地鎮めをなすとするのは、神仙思想の三神山（蓬莱・方丈・瀛洲《えいしゅう》で神仙が居住する）に見立てる山があるということをいう。前者の四神に叶うとは青龍＝河川、朱雀＝池沼、白虎＝大路、玄武＝丘陵の対応関係のことである。これについては、藤原京の場合、青龍と朱雀にあたる地形が指摘しにくいのだか、白虎は横大路（竹之内街道）、玄武には耳成山をあててよいであろう。平城京では、青龍は東京極（左京四坊大路）の東側の人工的河川（今日、一部灌漑用の池となって残る）に、朱雀は京域の東南隅に今もある五徳池（唐の長安城の曲江池と位置関係が似ている）、白虎は難波の直《ただ》ごえ道、玄武は平城《なら》山、または前方後円墳であったが、前方部が削られて残る市庭古墳（平城天皇陵古墳）とよばれる墳墓にあてる。右にみたように四神と地形の対応については、明確に対応させることは、むずかしい。三山については、藤原京に関しては、説明するまでもなく、いわゆる大和三山の香具山、耳成山、畝傍山である。平城京についていえば、宝来山と呼ばれる垂仁天皇陵古墳、春日山、そして平城山か市庭古墳を想定する説に私も従う。いまさらながら、三神山に見立てることができる大和三山が絵にかいたようにあったことに驚く。まさに藤原京は「見せる風景」として、何よりも強いサインを発信していた。

近年、藤原京の大極殿跡付近で当時のトイレが考古学の調査によって確認されたことと、慶雲三年三月の詔に、京の内外にけがらわしい悪臭があるので取り締まるようにとあることなどから、平城京へ遷都した一つの理由を「環境問題」や「都市問題」に求めようとする興味深い説がある。とはいえ、藤原京にまつわる都市問題に対して積極的な方策が講じられなかったのは遷都が話題にのぼっていたためとも考えられる。いま一つ、遷都の理由として、藤原京の地形は南が高く、北が低いので、君子南面、つまり、天皇が北の低いところにいて、そこから南の高いところを見るというのは、不自然だというものである。しかし、唐の長安城の場合も南に向かって徐々に高くなっている地形なので、藤原京だけをとりあげて問題とすべきではないと考える。やはり、右にみたように平城遷都には藤原不比等の意図が強くはたらいていると思われるが、どうして、奈良盆地の南にあった藤原京から、その対極ともいうべき盆地北端の地に都を遷したのだろうか。

藤原京ができたが、官人たちは以前からの居所である飛鳥から移住することがなく、藤原京に集住するという都市形態がとれなかったので、遠く盆地の北に都をつくることによって、この問題を解消せんとするのが、遷都の理由だとする説がある。たしかにそのことは考えられないことはなく、飛鳥への愛着と郷愁をうたった万葉歌がいくつかある。第六章にもあげた一首（巻一―七十八）をあげてみよう。

和銅三年庚戌の春二月、藤原宮より寧楽宮に遷りましし時に、御輿を長屋の原に停めて迥かに古郷《ふるさと》を望みて作る歌　一書に云はく、太上天皇の御製といへり

飛鳥《とぶとり》の明日香の里を置きて去《い》なば君があたりは見えずかもあらむ

一に云ふ、君があたりを見ずてかもあらむ

藤原宮から平城に遷る途中の長屋原（天理市永原あたりか）で御輿をとめて親しい男性の住む古郷の明日香のことを思う歌である。元明女帝の作とするが、題詞に太上天皇の作

とする一書があることをあげていて、先の章でふれたように作者については問題を残す。しかし、遷都に際して飛鳥（明日香）への惜別をよんだもので、藤原京への思いがないことは注意してよいであろう。

盆地の北辺に都をつくった理由について、唐長安城との関係をみることもできる。長安城の場合、都城の南には郊野がひろがり、終南山に至るが、平城京もその南は農耕地として条里地割を施行して、南山である吉野を配した。このような立地は南からの丘陵が迫っていた飛鳥や藤原京とは異なる点であり、唐の長安城の立地に倣おうとする意図があったと思われる。

「平城京」という名称の意味

「平城京」と漢字表記されたが、本来の読みは「ならのみやこ」であったと思われる。そこで、まず「なら」という地名の由来についてみておきたい。朝鮮語の国土、都を意味する「ナラ」に求めようとする説があるが、全国的に「なら」と呼ばれる地名があるので、「平城京」の「なら」にのみそれをあてることは適当ではないと思われる。語源的には「平らかに均された土地」とみるのがよいであろう。その「なら」にあてられた漢字は「平城」・

復原された平城宮朱雀門

「寧楽」のほかに、「那羅」・「乃楽」などがある。都については、「平城」という表記が一般的であるのは、『日本書紀』崇神天皇条に「官軍がふみ平《なら》し」という用法があることなどから「なら」に「平」という好字をあてたとしてよい。しかし、「平城」以外の「寧楽」・「那羅」・「乃楽」などは漢字は二文字でいずれも「なら」とよめるのに対して「平城」は、「平（なら）」に「城」が余計についている。それは都城の意味をもたすためになされたものであろうと思われるが、しかし歴代の宮都名に「城」を用いる例はない。その理由を詮索してみるに、宮都の名称を名づけるために、中国の歴代の都城名を参考にしたことが考えられ、北魏が三九七〜四九三年の間、都とした平城（現在の中国山西省大同）の表記をあてた可能性は否定できない。

そのことは、「神亀」と「天平」という元号は北魏と東魏の時代に用いられたものであり、聖武天皇の「聖武」は北魏王朝の始祖、神元皇帝の父、聖武皇帝托抜詰汾の「聖武」を採ったものであることからも、裏付けることができるであろう。

平城京のプランに関する新発見

条坊制とよばれる碁盤目状の町割からなる平城京は、明治時代に奈良県の文化財技師を務め、後に東京帝国大学教授となった関野貞が、南北九条（四・八キロメートル）、東西八坊（四・三キロメートル）を主体として北東部に今日の奈良市の市街地の部分にあたる外京が張り出し、北西部に北辺坊が付くという基本的な形を復原し、今日に至るまで通説となっていた。その通説の形になる前段階の遺構が、奈良県大和郡山市教育委員会と財団法人元興寺文化財研究所による発掘調査によって検出されたことが平成十八年（二〇〇六）八月末に発表された。

それは、南北九条ではなく、さらに南に十条があったとするものである。十条に相当する区域には、条坊を区画する大路や区画内の条間大路、坊間大路の一部が発掘され、明らかに条坊制の町割があったことが確認できる。ただ、今回の条坊遺構が検出された部分は、十条の北から数えて三町分で、本来の条坊の町割が、タテ、ヨコ四等分（四町×四町）の完全な区画であったかどうかということ、さらに指摘された区域が左京（朱雀大路の東側）にあたり、右京がどうなっていたかについては、今後の検討をまたねばならない。

かねてより、今回の条坊遺構が見つかった部分は、平城京に南接する条里制（耕作地の方形地割）との関係についての議論が少なからずあった。この部分の条里地割は、「京南辺特殊条里」とよばれ、奈良盆地の南に広がる条里地割とは、直接つながらない独立した区域であった。その下層から、条坊遺構が発掘されたことになり、「京南辺特殊条里」は、その年代は詳らかではないが、条坊地割の後に区画された耕作地である。

十条に相当する条坊遺構と、「京南辺特殊条里」との関係について、いくつかの問題が浮上する。十条相当条坊遺構が、発掘担当者の見解にしたがうと、七三〇年ごろに埋めもどしのような状態で廃絶している。仮に「京南辺特殊条里」の部分のみに条坊遺構があったとすれば、本来四町が完形であるのに、三町という未完成の状態であったことも考えられよう。しかし、今後の継続調査によって十条の南を画する十条大路の検出の可能性もあるので、早急な結論は差し控えねばならない。

一方、目を右京に転じると、これまでの条里研究の成果によれば、「京南辺特殊条里」に相当する、独立した条里区画は存在しない。しかし、最近の報道では、右京にも十条の存在を推定できる街路の発掘があったらしい。

それでは、十条部分を七三〇年ごろに人為的に廃絶した理由は何か。七二四年に聖武天皇が即位し、七二九年には藤原氏の政敵長屋王を死にいたらしめ、光明子を皇后の位につけ、さらに天平と改元したことなど、藤原氏を中心とする政治体制が固まる。それに呼応して未完成の十条の区域を切り捨てて、九条大路をもって南京極として、そこに羅城と羅城門を建設し、平城京の体裁を整える整備計画に着手。そうして、外国からの使節らに都としての存在感を示そうとしたのではあるまいか。

他者のまなざし

平城京の南京極の設定が七三〇年ごろではないかと想定したが、とすれば南京極つまり九条大路に羅城門という京の中に入るメインゲートの設置にも関心が向く。羅城門に結びつく羅城の痕跡も今回、明らかとなった。

羅城といえども、中国のように土塁ではなく板塀か築地塀のようなものであり、長さも羅城門の左右に五二〇メートルしか造られていなかった。この完成年が七五〇年ごろなので、七五二年になされた大仏開眼会に参列した外国からの僧侶たちに平城京の壮大性を見せるためではなかったかという説もある。

宮都の正面の羅城をつくるということは、日本の伝統的な住宅でいえば玄関口のあたりを繕うのに似たようなものである。その場所でお客さんという他者を迎えるのであるが、迎える側にとっては、ふつう客人に対してどのように見えるかということを気にするものである。もっとありていにいえば自分の住まいをきれいにみせたいと思うのが本音であろう。好んでまで、散らかった空間をお客さんの目にさらしたくないものだ。

古代の都城空間や重要な施設で異国の人の目にふれる場所は、どうしても他者のまなざ

発掘された平城京羅城

しに神経をとがらさざるをえない。日本の古代における国家という立場に身をおくとしたら、異国の人からのまなざしは奈良時代ならば中国の唐との同質性に注がれるはずである。唐や新羅からの使節は船で博多に上陸し、その後陸路の山陽道を経て奈良の都に導いた。ということは、異国からの客人のまなざしは、まずは山陽道の施設に向けられることになる。

やや時代がさがる史料であるが、『日本後紀』の大同元年五月条の記事に次のような天皇の勅がある。つまり備後、安芸、周防、長門などの国の駅館（古代の主要道にある一定の距離をおいて設置された馬を乗りつぐための施設）は、外国からの客に備えて特別に瓦ぶきにして壁も良質なものにするようにというものである。異国からの来客に街道を美観にしてみせたい心理があらわれている。

次頁の図は、かつて岸俊男の指導で何人かの者で作った一つの平城京の復原図である。この復原図は明治年間の奈良市の地籍図を基にしている。地籍図というのは、市役所や役場が住民の所有する土地を管理する基本となる土地台帳とワンセットとなる地図のことで、地番毎に詳しく描かれている。水田ならば一筆（一区画の大きさ）毎の形が表現されている。この水田の形をみていくと、平城京が廃都になったので水田となり、その形にかつての大路や小路の幅などをとどめていることがよみとれる。そのような見方で地籍図を

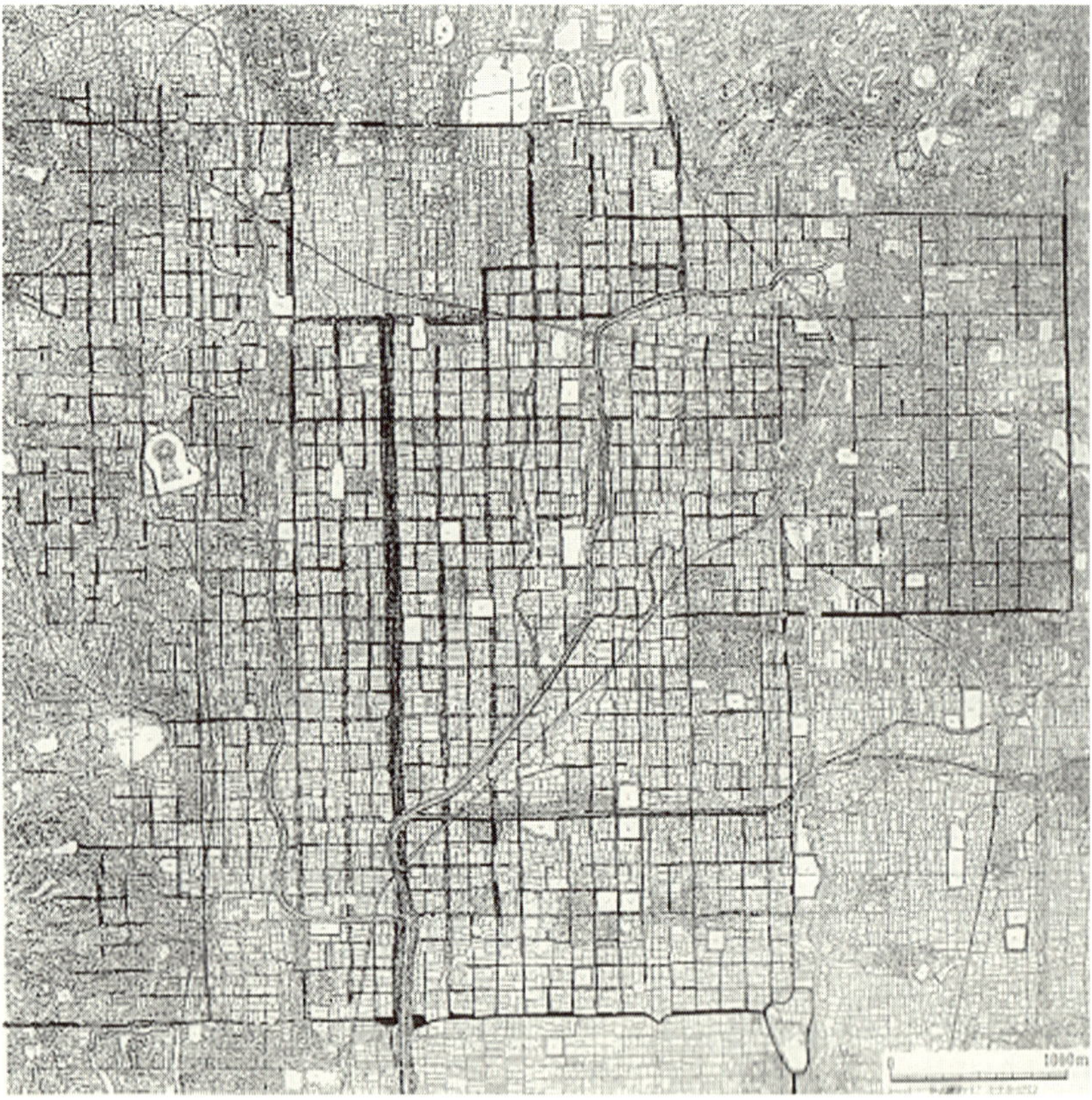

遺存地割による平城京の復原（奈良文化財研究所『日中古代都城図録』より転載、提供・奈良文化財研究所）

羅城門付近を流れる佐保川

利用して作成した平城京の復原図である。この図を見れば、一目瞭然、南北に走るメインストリートの朱雀大路とその周辺の道路のみがくっきりと浮かびあがり、そこから離れると、十分に復原できていない。これは、おそらく朱雀大路を中心として異国の使節の視線が届くところだけをとりわけ美しく整えたのではないかということを思わせる。極端な言い方のきらいはあるが、「見かけは長安風」ではなかったか。まさしく、それこそが「見せる風景」としての宮都の象徴的な一面であった。先に見た羅城もそうであったのかもしれない。

われわれ一人の人間としての個人でも、他者からのまなざしの中におのれをさらさねばならないことは、一歩家から外に出ると常にある。国家、特にアジアの古代国家においても同じようなまなざしの中にあったことは、十分に想像できる。

第八章　語部の景象（スケープ）――『死者の書』の折口信夫

奈良盆地の私のすんでいる付近では、年の終わりの十二月ごろから年のはじめの一月ごろ、太陽は三輪山あたりから昇り、二上山に沈む。日本列島は山と平野の織りなす地形の単位が小さいために、太陽の動きが目にとまりやすい。だからこの列島のコスモロジーは太陽を中心として構成された理由が理解できる。中国では、広大な平原が続くために、それと対をなす天空が意識され、星がコスモロジーの主役となったのであろう。

ここであつかう折口信夫の『死者の書』は素材的には仏教信仰によっているが、根底には太陽に対する宗教的心性を描こうとしている。

なお、以下に「景象」という耳慣れないことばを使っている。その意味については、本文において述べる。

重層する景象

大和の二上山の麓、葛城市の当麻寺に伝わる当麻曼荼羅の縁起に現れる中将姫の伝説に題材をとった折口信夫の『死者の書』は彼の民俗学研究の一つの到達点だといわれてきた。研究といえども折口の目的は文学作品として民俗学の研究を具体化することにあった。そのことによって一般的な研究では描き切れないこまやかな襞を再現することを試みようとした。伝説の主人公、中将姫は横佩大臣《よこはぎのおとど》（藤原豊成）の娘で天平宝字七年（七六三）に当麻寺で出家して法如尼となった。阿弥陀仏を念じているとその化身の尼が現れ、百駄の蓮の茎を集めさせて観音の化身の女とともにその糸で美しい曼陀羅を織り上げた。この法如尼は宝亀六年（七七五）に阿弥陀の来迎を受けて極楽往生を遂げたという。

この中将姫伝説を素材として折口が『死者の書』という文学作品を創作しようとした意図はわが国における文学の発生は語部によるとする彼の自説を自ら実践しようとするものであった。折口にあっては、研究の出発点は、マレビト論よりも語部論であったという。「物語」という日本語がこの国の文学の原初の形を示すものとすれば、それは語られるものとして存在したと考えなければならないことは、了解してよい。「物」とは霊魂の意味だとすれば、「物語」は人の魂つまり心の深いところから発せられる言葉ということになる。折口の古代学は言葉の最も深い層の中から当時の意味を掘り起こす作業によって古代を近代に呼び起こそうとした点において現代に至るまでの多くの古代研究の中でも最も肉薄した真実を切断して見せようとしたものであった。この作品の中で語部を登場させているが、同時に折口という作者も語部であろうとしたことは「文学の発生」を実践しようとしたことからも明らかである。『死者の書』の原型となった『神の嫁』という未完の作品では、文体が語り口調であることからも、折口はみずから語部として小説を語ろうとしたことはまちがいない。

「語る」ということはいったいどのような意味なのだろうか。「語る」の「かた」は「象る」の「かた」と同根であって相手に物事を聞かせることであるという。この「語る」の原義にわれわれは着目して良いであろう。つまり、語ることは「象《かた》」を見せることなのだ。そのためには語り手は語ることの内容の「象」を獲得する契機と、その「象」を表現する手だてを持ち合わさなければならない。

「象」を表現する手だてという点からみると、「語る」という表現行為は現実には音声によるものであって、「音の景象」（サウンドスケープ）こそ「語り」を支える基本的な要素である。それとともに、語り手のみでは「物語」は成立しない。聞き手がその場にいて、はじめて「語りの場」が存在する。この「語りの場」も「物語」が表現されるときの景象なのだ。簡単にいえば、語り手によって発せられた音声と聞き手の耳を通して受け取られたイメージが「物語」を作りあげるのであって、「語り」の世界は、すぐれて景象的といってよい。だから、語り手はいきおい、聞き手に語りかけ、それを受け止めさせる仕掛けを用意しなければならない。折口がこのことを意識したかどうかは明らかにし難いが、少なくとも『死者の書』にはさまざまな擬声語が多用されている。擬声語によって聞き手の関心をひこうと折口が思ったとすれば、聞き手の存在を意識したのかもしれない。これについては、後に事例をあげてふれてみたい。

語り手が語るべき「象」を獲得するという契機を『死者の書』にそくして考える場合は折口の「山越しの阿弥陀像の畫因」という小品がよりどころとなる。「山越しの阿弥陀像」(山越阿弥陀図)というのは中世頃に成立した仏教図像で、前面に大和絵風に山を配し、その背後に巨大な阿弥陀像を描いた浄土信仰の絵画的表現である。折口は次のように言う。「私の物語なども、謂はゞ、一つの山越しの弥陀をめぐる小説といってもよい作物なのである」と。

『死者の書』には三葉の山越しの阿弥陀像の写真が添えられていることから、折口はこの図から小説のイメージをふくらませたのではないかと私は単純に思うのであるが、折口は必ずしもそうではないと言うのだ。

国宝「山越阿弥陀図」(鎌倉時代、総本山禅林寺蔵、
『京都・永観堂禅林寺の名宝』図録より転載)

> こゝに豫め言うておきたいことがある。表題は如何ともあれ、私は別に、山越しの彌陀の圖の成立史を考へようとするつもりでもなければ、また私の書き物に出て來る「死者」の俤が、藤原南家郎女の目に、阿彌陀佛とも言ふべき端嚴微妙な姿と現じたと言ふ空想の據り所を、聖衆來迎圖に出たものだ、と言はうとするのでもない。そんなもの〳〵しい企ては、最初から、しても居ぬ。（全集二十七巻一八三頁）

『死者の書』の折口と山越しの阿弥陀仏の図との関係は微妙な問題を含んでいる。その問題というのは私が『死者の書』を景象論として読みとろうとしていることに関係する事柄である。右に引用したように折口は山越しの阿弥陀仏の図によって『死者の書』の最後に、藤原南家郎女の眼前に現れた阿弥陀仏という空想をよびおこしたのではないというのだが、たしかにそのように受け取ってよいのかもしれないが、中将姫伝説を図像として具現化したものとして山越しの阿弥陀仏の図を見ていたことはありうることであって、やはりこの図像は『死者の書』の景象に多分に影を落としていることを思わざるをえない。

「物語」に景象を読みとろうとしているのは、あくまでも私の意図であって、民俗学者としての折口は、この阿弥陀仏の図やあるいは彼岸中日の日想観の風習が「日本固有」のものとして深く仏者の懐に取り入れられてきたと考えていたことは、右の文章に続いて記されていることから理解できる。

このような折口の意図を知ることによって、『死者の書』は仏教的な素材を根底においているのではなく、日本の文化的基層を太陽信仰の中に見出そうとしているということに気がつくのである。その折口の視点を押さえておくことによって、彼が山越しの阿弥陀像を持ち出しながら『死者の書』という作品を構想した経緯をたどることができるのだ。そして、ここで、私はこの作品を構成する「太陽」というもう一つの、そしてより基本的な景象に出会うのだ。

山越しの阿弥陀像の原作は平安時代中期の僧、慧心（源信）であると伝わる。慧心は二上山の麓、当麻の出身である。そして現存する京都禅林寺の山越しの阿弥陀図に描かれた前景の山は二上山ではないかと折口はみる。だから、『死者の書』が二上山とその麓の当麻一帯を舞台にして展開される条件はやはり山越しの阿弥陀像にあることは言うまでもない。ここにも折口自身がみずから語部となって語ろうとする物語の景象に大きなより所があることを認めてよい。

私のいおうとしていることは、語部はややもすれば言語的世界に機能するように思われがちであるが、そうではなく、景象的、空間的イメージをことばによって織りなすことなのだ。

このことは折口の次のような表現によっても彼が景象を獲得する動機があったことを知

ることができる。

さうして、今度のゑぢぷともどきの本が、最後に出て來たのである。別に、書かねばならぬと言ふほどの動機があつたとも、今では考へ浮ばぬが、何でも、少し興が浮びかけて居たといふのが、何とも名状の出來ぬ、こぐらかつたやうな夢をある朝見た。さうしてこれが書いて見たかつたのだ。書いてゐる中に、夢の中の自分の身が、いつか、中将姫の上になつてゐたのであつた。（全集二十七巻一八〇頁）

この折口のいっていることが『死者の書』を書く動機の核心であるとするならば、それは夢に誘われるが如く作り上げられた作品であるということができる。夢というのも景象の一つであることはいうまでもない。その夢にしたがって彼は語部の如く文章を刻んだと思われる。

以上のように『死者の書』が成立するための「景象」的な次元について、私は整理してみたのだ。一つは語り手が語ることの内容の「象」を獲得する契機として、山越しの阿弥陀像、日想観そしてみずからの夢があり、他の一つはその「象」を表現する手だてとしての音の景象であり、語りの場である。

『死者の書』は単行本として刊行されたときは二十章（段）から成っていた。以下それに従いながら、語りの景象の具体例をとりあげてみたい。

よみがえる死者

謀反をしたかどで持統天皇から死を賜った大津皇子が二上山に葬られたという『日本書紀』の記事を素材にしてこの物語が展開される。その死者として葬られた大津皇子が今よみがえろうとしているのだ。

したした　した。耳に傳ふやうに來るのは、水の垂れる音か。たゞ凍りつくやうな暗闇の中で、おのづと睫と睫とが離れて來る。
膝が、肱が、徐ろに埋れてゐた感覺をとり戻して來るらしく、彼の人の頭に響いて居るもの――。全身にこはゞつた筋が、僅かな響きを立てゝ、掌・足の裏に到るまで、ひきつれを起しかけてゐるのだ。（全集二十四巻一三〇頁）

われわれは折口の作品を活字を通して読むことに慣れているが、声にしてそれを読むとき、折口という語部を直接に実感することができる。ここに引用したように墓の石櫃を作っている石の間から水の垂れる音を「したした　した」と表現する。この作品で折口が聞き手に景象を与えるためにいくどとなく使う擬声語の一つである。この音の景象に誘われて聞き手は死者がよみがえる現場に立ち会わされる。何よりも聞き手が不気味に思うのは死者が再びこの世によみがえるということである。おそらくだれも体験したことはない光景を折口はいかにも見たことがあったように語るのだ。

くれろ。おつかさま。著物がなくなつた。すつぱだかで出て來た赤ん坊になりたいぞ。赤ん坊だ。おれは。こんなに、寢床の上を這ひずり廻つてゐるのが、だれにも訣らぬのか。こんなに、手足をばた〳〵やつてゐるおれの、見える奴が居ぬのか。

その唸き聲のとほり、彼の人の骸は、まるでだゞをこねる赤子のやうに、足もあがゞに、身あがきをば、くり返して居る。明かりのさゝなかつた墓穴の中が、時を經て、薄い氷の膜ほど透けてきて、物のたゝずまひを、幾分朧ろに、見わけることが出來るやうになつて來た。どこからか、月光とも思へる薄あかりが、さし入つて來たのである。（一三六頁）

右に引用したのは第一章の二つの部分であるが、その中で、前者は死者がよみがえる寸前の状況であって、暗闇の中であるのに対して、後者はどこからか月光とも思える薄あかりがさし入って来たとする。周囲の風景が暗から明へと変化する過程を表現しながら、同時にそれが死者が生者の風景へと立ち入っていく状況を説き明かそうとしているのである。

魂ごいの音

二章のはじめに河内を流れる石川、大和川、そしてはるかかなたの日下江、長瀬江、難波江の水面、また難波と飛鳥を結ぶ当麻路というおそらく二上山の頂上から望むことのできた風景を描写することによって作品の具体的な地理的景象が与えられる。舞台が二上山の頂であることを聞き手は知ることができる。

よみがえろうとしつつある大津皇子の耳に人の声が聞こえる。

こう　こう　こう　こう　こう　こう

この声はある種の呪文である。失踪した藤原南家郎女の御魂を探し求めるために白い装束の九人の人間の叫びである。この声が何度も繰り返して発せられる。彼らは大津皇子の墓のところでもう一度魂ごいの行を始める。

こう　こう　こう。

をゝ……。

異様な聲を出すものだ、と初めは誰も、自分らの中の一人を疑ひ、其でも變に、おぢけづいた心を持ちかけてゐた。も一度、

こう　こう　こう　こう。

其時、塚穴の深い奥から氷りきつた、而も今息を吹き返したばかりの聲が、明らかに和したのである。

を、う……。（一四二頁）

「を、う……。」というのは大津皇子が息を吹き返した声であるが、魂ごいの「こう こう こう」という声と「を、う……」という声とが呼応しながらわれわれの体験を越えた音の景象を作り上げている。

石川の流れ

万法蔵院の北の山陰にある小さな庵室。万法蔵院というのは当麻寺の前身であると伝えられ、寺伝によればもともと河内の国山田村にあって山田寺と呼ばれた寺がこの地に移されて万法蔵院となり、山田寺の古い名前を残すために万法蔵院の北の角に作られたのがこの庵室であるという。平城の都を我知らず出た藤原南家郎女はこの庵室で溜息一つもらすことなく座っていた。姫がここに送り込まれたとき、一人の姥がついてきた、として折口は語部を登場させる。この老女は当麻村の旧族、当麻真人の「氏の語部」の亡び残りの一人であるとする。姥は姫の生まれる前の藤原氏、中臣氏の祖先伝承を語り、やがて当麻の語部の姥は神憑りに入るらしく、わなわなと震え始める。そして「ひさかたの　天二上山に、我が登り　見れば　とぶとりの　明日香……」と始まる長歌を歌いだす。

『死者の書』は折口がみずから語部となって物語っているということを先に述べたが、その物語の中にもう一人の語部が登場する構図である。このあたりの事情は「山越しの阿彌陀像の畫因」の中で、『死者の書』について折口は近代小説ではあるが舞台を歴史にとっただけの近代小説というのでもない。近代観に映じたある時期の古代生活とでもいうものであろうと述べていることに関わってくる問題ではないかと思われる。つまり近代の人である折口が語部という形式を意図的に選択することによって『死者の書』は近代小説ではあるが、しかし近代の人折口はその手法を通して古代の深い層を抉り取ろうとしているのである。

既に見たように二上山に葬られた大津皇子をこの作品は素材の一つとしているけれども、しかし折口はあくまでも小説の形をとるために五章では大津皇子にあたる人物に滋津彦という名を与えている。これは単純な命名であって、大津という現在の地名から滋賀を連想したと思われる。念のためにいうならば、大津皇子の大津は娜《な》の大津（現在の博多付近）に由来する。

それはともかく、『万葉集』から知られるように大津皇子と深い関係にあった石川郎女《いしかわのいらつめ》にあたる女性については、藤原南家郎女の祖父にあたる南家太政大臣、つまり藤原《ふじわらの》武知《むち》麻呂《まろ》の叔母にあたる耳面《みみも》ノ刀自《とじ》という人物をあてている。

石川郎女についてはその出自が明らかではなく、一説には大津の曾祖父にあたる蘇我倉山田石川麻呂との関係を推定するが定かではない。折口が藤原武知麻呂の叔母を耳面ノ刀自とし実在の石川郎女にあてたのは、武知麻呂の母が、石川朝臣連子《むらじこ》の女《むすめ》、石川媼子であって、連子は蘇我倉山田石川麻呂の弟とされることに結びつけようとしたと思われる。このような人物構成をとることによって、藤原南家郎女と大津皇子にあたる滋賀津彦の関係が史実に近い形を装って結ばれることになるからであろう。

しかし、おそらく折口の語ろうとしていた物語の景象には二上山とその河内側の麓を流れる石川の風景があったに違いない。つまり大津皇子と石川郎女との間に生じた恋愛関係は二上山とそれをめぐる石川という風景像に重ね合わせようとしたとみることもできる。ここにも折口という語部の描いた景象を指摘してもよいと私は思う。

当麻の語部がいうには藤原四流の中で一番美しい郎女が滋賀津彦の目には耳面ノ刀自とみえるというのである。女盛りであるというにもかかわらず、まだ婿を取っていない郎女が大津皇子つまり滋賀津彦の力に引き寄せられてこの当麻までやって来たのではなくて、他に何の理由があるのかと語りかけるのである。語部が歌った長歌というのも滋賀津彦の墓をつくったときに石を運んだ若い者達に乗り移った霊が歌わせたのであると語るのである。語部の歌がいかに「物語」の景象を豊かにしたか、想像できないこともない。

彼岸の太陽

五章の冒頭に「おれは活きた」とある。滋賀津彦がこの世に戻った一瞬を表現する。かつての愛人、耳面ノ刀自に向かっての独白が語られている。六章では奈良の邸宅を何者かに誘われるように出て当麻の里にやってきた藤原南家郎女を描くが二上山を見入るように仰ぐ姿がそこにある。言うまでもなくこの小説の主題である二上山と姫との関係をみせるもので、山越しの阿弥陀像のイメージが次のように述べられる。まずは去年の春分の日の出来事である。姫は正座して石に向かっていた。

やがてあらゆる光は薄れて雲は霽れた。夕闇の上に、目を疑ふほど、鮮やかに見えた山の姿。二上山である。その二つの峰の間に、あり〳〵と荘厳な人の俤が、瞬間顕れて消えた。(一六九頁)

続いて同じ年の秋の彼岸中日の夕方の光景が描かれる。

姫は、いつかの春の日のやうに、坐してゐた。朝から、姫の白い額の、故もなくひよめいた長い日の、後である。二上山の峰を包む雲の上に、中秋の日の爛熟した光りがくるめき出したのである。雲は火となり、火は八尺の鏡と燃え、青い響きの吹雪を、吹き捲く嵐――。

雲がきれ、光りのしづまつた山の端は、細く金の外輪を靡かして居た。其時、男嶽・女嶽の峰の間に、あり〱と浮き出た　髪　頭　肩　胸――。

姫は、又、あの俤を見ることが、出來たのである。（一六九―一七〇頁）

右の引用で明らかなように、折口が『死者の書』の中で語ろうとした古代の人々がもったであろう日想観が春分と秋分の日の二上山の峰の間から現れる滋賀津彦の俤に託されたことは明らかである。さらにいうならば、滋賀津彦は「日の皇子」である。その俤そのものが太陽である。七章では南家郎女が当麻の万法蔵院の結界を犯して「姫は唯、山を見てゐた。依然として山の底に、ある俤を観じ入ってゐるのである」（一七五頁）と語られる。

聖と俗の景象

八章から十章までは大伴家持が登場したり、あるいは都人たちが郎女の神隠しの噂をする話、あるいは郎女の奈良の家で多くの姥達が郎女の話をするくだりがあるが、取り立ててこの物語の主要な部分を構成しているものではない。十一章と十二章は郎女のいる庵室が舞台になるが、この部分も物語の本質的な部分を構成しているものではない。折口は『死者の書』を小説として書き上げようとするために郎女をめぐるさまざまな情景を挿入する工夫をしているのであるが、物語全体の中では単調な流れとして読者に読みとられるかもしれない。しかし折口の意図はそうではなかったはずだ。というのは郎女の神秘的な情景と対比させるために平城京という舞台を設定して、そこで繰り広げられる俗的な部分を書くことによって、いわゆる聖と俗の際だった景象的対立を描き出そうとしたように私は思う。そのことによって郎女の行為の非日常性が浮き彫りにされるという効果を生み出している。

夢

既に述べたように『死者の書』は折口自身がみずから見た夢がこれを書かせる一つの動機となっている。その夢が具体的にどのようなものであったかについては語られていない。作品の中に郎女の夢が語られる。やや長くなるが、引用する。

長い渚を歩いて行く。郎女の髪は、左から右から吹く風に、あちらへ靡き、こちらへ亂れする。浪はたゞ、足もとに寄せてゐる。渚と思うたのは、海の中道である。浪は兩方から打つて來る。どこまでも〳〵、海の道は續く。郎女の足は砂を踏んでゐる。その砂すらも、段々水に掩はれて來る。砂を踏む。踏むと思うて居る中に、ふと其が、白々とした照る玉だ、と氣がつく。姬は身を屈めて、白玉を拾ふ。拾うても〳〵、玉は皆、掌に置くと、粉の如く碎けて、吹きつける風に散る。其でも、玉を拾ひ續ける。玉は水隱れて、見えぬ樣になつて行く。姬は悲しさに、もろ手を以て掬はうとする。掬んでも〳〵、水のやうに、手股から流れ去る白玉――。玉が再、砂の上につぶ〳〵竝んで見える。忙しく拾はうとする姬の俯いた背を越して、流れる浪が、泡立つてとほる。

姬は――やつと、白玉を取りあげた。輝く、大きな玉。さう思うた刹那、郎女の身は大浪にうち仆される。浪に漂ふ身……衣もなく、裳もない。抱き持つた等身の白玉と一つに、水の上に照り輝く現し身。

ずん〳〵と、さがつて行く。水底に水漬く白玉なる郎女の身は、やがて又、一幹の白い珊瑚の樹である。脚を根、手を枝とした水底の木。頭に生ひ靡くのは、玉藻であつた。玉藻が、深海のうねりのまゝに、搖れて居る。やがて、水底にさし入る月の光り――。ほつと息をついた。

まるで、潜きする海女が二十尋・三十尋の水底から浮び上つて嘯く様に、深い息の音で、自身明らかに目が覺めた。

この郎女の夢として語られる部分が折口が実際に見た夢であったとする保証はない。しかし、すでに引用したように折口は夢で中将姫になったのだと明言している。この夢は郎女が平城から二上山の麓までの苦しかった道のりのことである。しかし『死者の書』を執筆した動機として「何とも名状の出來ぬ、こぐらかつたやうな夢を見たことである」とする折口自身のことばは右にみたような夢のことを語っているようでもある。池田弥三郎は死んだ、年長な、それも男の友人から求愛された夢だと述べている。実は右の引用した部分の後に月の明るい光明の中にかの男の俤が浮かびあがってくることが語られるのである。折口の夢がこの作品の景象に大きな意味をもたらしていることはよくわかる。浪が両側から押し寄せる海の中道を行く姿こそ、折口の抱えていた不安な心情を映し出している。

曼荼羅という空間

ここでは郎女は庵室の中で藕糸によって布を織るという情景が描かれている。再び春分の日の夕方を迎えた郎女には彼の人の俤の現れることが予感されている。その時突然郎女

文亀本當麻曼荼羅(當麻寺蔵、集英社『日本古寺美術全集』第８巻)

当麻寺の練供養

は庵室から姿を消してしまう。寺の門のほとりに立ちながらあの俤を見続けているのであった。郎女が機を織り上げているのは彼の人の素肌を掩うてあげたいという気持ちであった。折口は中将姫伝説によって郎女の機織りを当麻寺曼荼羅の製作に見立てているのであるが、そのことによって山越しの阿弥陀像から当麻曼陀羅への一つの転換をこの作品の最後で果たしている。

ここでは当麻曼陀羅について詳しく述べることは不要であるが、要点だけに限れば、『観無量寿経』の説く極楽浄土を織りなしたもので、縦三九四・八センチ、横三九六・九センチの大きさで、八世紀の作とされる。

『観無量寿経』では、釈尊は西方浄土をみるには落日を想えという日想観が説かれる。折口は「日本固有」のもとしてあったと考えることのできる日想観を仏教的世界という舞台で語ろうとした。したがって、この作品の展開が、海の中道を行く不安な状況から曼陀羅という安定の景象を語ったのだというだけでは、折口の意図を読みとったことにはならない。

毎年五月の半ば当麻寺の練供養では、境内の東西に娑婆堂から曼荼羅堂に橋が架けられそこを菩薩たちが渡りすでに輿で渡されている中将姫の像を迎接し、蓮台に乗せて再び西の曼陀羅堂に戻される。おそらく、古来からの春の「野遊び」が儀式化したものだが、そこから民俗的な太陽信仰の残像をよみとってよい。このような事実が『死者の書』を根底から支える景象なのだ。

＊折口の作品からの引用は『折口信夫全集』(二十四巻、二十七巻) 中央公論社、一九六七年による。

第九章　排除の影——光仁天皇とその周辺

人間の権力欲は、他者を押し退けて、つまり排除して達成されるものである。敵対するものを排除する手段は、さまざまである。だが、そうして手中におさめた権力の座は、相手を排除したという行為によるものであるから、排除された側に深い傷として残る。それは残ったままであるとは限らない。報復という行為によって排除のベクトルは逆に向かう。だから、常に排除の論理が繰り返されている集団は、組織としての骨格がもろい。そこには、排除の思考が優先的に目的化されるからである。政治の世界はその典型であろう。

七世紀後半の壬申の乱の結末が八世紀の後半の天皇の即位にまで影を投げかけるのであるから、人間の権力に対する執念はすさまじい。平城京というシステムが奈良時代の終末に崩壊に向かうのも血統と血統の間でおこった排除の論理の結末であった。

皇位をめぐる暗闘

奈良時代末期の光仁天皇の即位は、一つの歴史の転換点であった。

絢爛たる天平文化という後世のわれわれがいだくイメージは、仏教寺院と仏像彫刻そして、正倉院の宝物によってつくられたものである。その象徴的存在が、聖武天皇である。豪華な「物」に囲まれた聖武天皇の日常が平穏であったとは思えない。それは近年の日本におけるバブルの時代の、「物」があるけれども満たされない精神状況に似ているようだ。

聖武の不安の一つは、皇位の後継者であるべき、皇子がいなかったことである。皇后光明との間に生まれた基《もとい》親王は夭折し、安積《あさか》親王は母親が県 犬養広刀自《あがたのいぬかいのひろとじ》であったが、難波宮行幸の途中で脚の痛みを訴えてそのまま死去した。一説に母親が藤原氏との関係がないという理由で暗殺されたという説があるが、史料の裏付けはない。

七三八年苦肉の策として、阿部内親王が立太子した。つまりは女性の皇太子である。このことが、平城京の時代の混乱の渦巻きとなる。予測し得ないことではあったろうが、後継者選びが組織の墓穴を掘ることはいつの時代もある。

そして、七四九年、聖武が譲位し、阿部内親王が即位する。孝謙女帝の誕生である。おそらく、この時点で、次の天皇の座をめぐる暗闘が始まったにちがいない。それは当然のことである。孝謙天皇は独身であるから世継ぎが生まれないという、まさに当然の理由からである。聖武天皇は、道祖王《ふなど》を立太子とすることを遺詔として、孝謙在位中の五十六歳で没した。道祖王は天武の皇子であった新田部《にいたべ》親王の子にあたる。

このあたりから、皇位の座をめぐる争いは、千々に乱れる。その乱れた糸をほぐす作業は、人間の権力を求めてやまない宿痾を見極めるようなものである。

突然、七五七年に道祖王は素行がよくないという理由で皇太子の地位を剥奪される。何ということか。何ということかという事件がひしめくのが、奈良時代末期の権力をめぐるドラマのシナリオである。皇太子の地位を奪った仕掛け人は大納言として実権を手中にしていた藤原仲麻呂をおいてほかに考えられない。なぜならば、道祖王は、仲麻呂の政敵橘奈良麻呂によって皇太子に擁立されたからだ。

母親の光明皇太后と藤原仲麻呂の手中に国政の実権が握られ、女帝孝謙の権力は限られたものであった。孝謙は、仲麻呂の顔色をうかがいながら新しい皇太子に天武の皇子舎人《とねり》親王の息子、大炊《おおい》王を指名した。大炊王は仲麻呂の長男が亡くなったのでその妻と夫婦関係になっていた。だから仲麻呂と大炊王とは、義理の親子関係となる。

皇太子をとりかえるという異常な事態。独身の孝謙女帝によって皇位の嫡子継承は不可能。とりわけ天武の孫の諸王たちに皇位のチャンスが到来したのだ。例えていえば、世襲制の会社の社長に子供がなく、後継の社長の座を取り巻き連中が争うようなものだ。

皇太子の地位を奪われた道祖王は、橘奈良麻呂の藤原仲麻呂打倒計画が発覚し、一味として拷問され、死に追いやられた。道祖王に代わって皇太子となった大炊王は、七五八年に孝謙天皇が譲位し、即位する。淳仁天皇である。ここまでは、権力者藤原仲麻呂の描いた筋書きどおりに事がはこんだ。だが、筋書きのある人生などはない。

権力の誤算

七六一年、近江の保良宮《ほら》で、突然、仲麻呂の権力に亀裂が入る。孝謙上皇の看病にあたった僧道鏡が寵愛をうけたために、道鏡の処遇をめぐって孝謙上皇と淳仁天皇との間に不和が生じた。孝謙は、国家の大事を自分が、小事は天皇がなすようにと、宣言したのである。仲麻呂はみずから築いた権力が崩壊することを察知した。実際仲麻呂を支持する勢力は減退していった。そこで仲麻呂は反乱の挙兵をするが、結局は近江に敗走して殺される。

権力の舞台は一転する。道鏡は新設された大臣禅師という位につき、孝謙は再び天皇となる。称徳天皇である。依然として、嫡子継承は不可能であるという状況は変化していない。

重苦しい空気が天皇とその周辺に充満していた。天智天皇の孫で、志貴皇子の第六子である白壁王は、後に光仁天皇となるのだが、女帝称徳の行動を酒を浴びるように飲みながら冷静に読んでいた。

称徳のすさまじい粛清。淳仁は淡路の配所に幽閉され、間もなく死亡し、諸王たちも処刑あるいは流刑となる。さらに、女帝称徳の打つ手は厳しくなっていく。しばらくの間、皇太子を立てないことを宣言し、道鏡を太政大臣禅師から法王と前例にない地位につける。

白壁王は、女帝の無謀ともいえる権力の行使をそしらぬ顔をしながらも、固唾をのんで凝視していたはずである。称徳の道鏡を天皇にする意図が露骨とみえてきた。宇佐神宮の神託も道鏡が皇位につけば天下太平であると下った。しかし、称徳は和気清麻呂に神意を確かめさせたところ、後継の天皇は皇族であるべきと、神託は逆転した。神託によって称徳が衝撃を受けたのか、それとも称徳の強引なまでの道鏡擁立策に対する反対派に抗しきれなかったのか、七七〇年に称徳は病没し、道鏡は下野国薬師寺別当として左遷された。

皇位と血統

皇太子のいない事態で、後継天皇を決めねばならない。群臣たちは、称徳崩御の日に白壁王を皇太子とした。『続日本紀』に書かれているとおりとすれば、即決であるが、むしろかなり以前から称徳の後継天皇について密かに議論されていたと思われる。六十二歳という高齢での即位であつた。やっと光仁天皇の誕生である。

『続日本紀』の光仁天皇即位前紀には、天平勝宝年間からこのかた、皇位を継ぐ人がなく、人々は疑惑に包まれ、罪を受けたり、廃された者が多かったが、白壁王（光仁天皇）は、災難にあうことを用心して、酒をほしいままに飲んで姿をくらましたりしたので、たびたび害をこうむることを免れたとある。

白壁王に最初から天皇位という権力の座をねらう気持ちがあったとは思われない。しかし、称徳即位の後ぐらいから皇位継承にまつわる流れが、もしかしたら、自分の方に向くのではないかという予感はあった。だからこそ、酒を飲むことによって、埒外の人間であることを演じたのであろう。埒外とは、これまでの天皇が天武の血統を継いでいるのに、白壁王は天智の系統につながるから、自分は天皇になる意志がないと周囲の人間に思わせる必要があった。にもかかわらず、天皇になったのは、天智系の天皇を即位させるという戦略が群臣たちの中にあったためであろう。白壁王が身に感じた危険は、即位後の事件から推測できる。

即位によって、皇后に井上内親王、皇太子に他戸《おさべ》親王を立てたが、皇后は聖武の皇女で天武の血をひく。皇太子の父は光仁で母は井上内親王であるから、天智と天武の血を引く。

おそらく、天智系の光仁の即位による妥協の産物であったと思われる。しかし、事態は急転回する。井上内親王と他戸親王の謀反があったとして、ついに皇后と皇太子の地位は剥奪され、大和の五條に幽閉され、そこで没する。やがて山部親王が皇太子となる。後の桓武天皇である。

平城京から長岡京、平安京への時代の移行は、血で血を洗う政争の結末である。所詮、権力とはいかなる組織においても、人の幸せを顧みることはない。毒で毒を制して犠牲者を生む。それが人間に潜む「悪の活力」とすれば、平安時代は、政争の疲れの果ての「毒」を抜かれた時代の始まりでもあった。

政争の系譜

天武系と天智系の間の対立は、周知のように壬申の乱にさかのぼる。天武系の血統は大海人皇子の勝利によって奈良時代の称徳女帝まで連綿として続いたことは確かである。とはいえ、天武系といえどもその内部における争いは、敵対関係にある者を排除するという冷酷な措置によって保たれた。

天武天皇と皇后(後の持統天皇)との間に生まれた草壁皇子こそ天武の後継者として天

皇位につくべき存在つまり皇太子であった。ところが病弱であったのであろうか、天武天皇没後すぐに謀反の疑いで大津皇子が持統天皇によって自害においやられる。大津は天武の息子ではあったが母は天智天皇の娘である太田皇女。天皇位が保証されていなかったことが大津の謀反の動機となった。そのために皇后にとっては、当然のことながら排除の対象となったとみられる。

このように天武系の血統で天皇が継承されることになっていても、その中で排除されねばならない人物がいた。排除することによってはじめて血統に固執できたといってよい。天武天皇の孫である長屋王についても同様であろう。藤原不比等という学問にすぐれかつ政治的能力をもった卓抜した人物につぐ地位であった大納言となり、不比等の死後事実上国政の要にあった長屋王は、聖武天皇と藤原氏にとっては皇位をおびやかす存在であった。それほど長屋王には秀でた力量があった。だからこそ政権にとっては排除すべき対象として長屋王は警戒されていた。そのような長屋王に向けられた猜疑心に符号を合わすように、左道という邪悪な占いをし、国家を傾けようとしているという密告があり、聖武天皇は兵を長屋王の家にさし向け、王は妃の吉備内親王や息子ともども死を賜うことになった。

大津皇子の場合は、天武天皇と持統天皇によってつくられた排除の論理であったが、長屋王の場合は、天皇とそれを支える藤原氏によって工作された排除の論理といってよい。いずれにしても天皇家や政権における系譜の純粋性を守るためには、たとえその系譜につらなる人物であろうとも阻害的要素は排除しなければならないという思考が働きがちである。しかしそのために「詩賦の興、大津より始まれり」と評された大津皇子や、鑑真が仏教への帰依の深いことを風聞したという長屋王を政権の安定という目的に抹殺したことによって生じる多大な不利益を権力者たちはどのように考えたのであろうか。

いつの時代でも組織には排除の論理が働く。組織を阻害する要素をとり除ければ、その組織は安定すると思われがちである。しかし実際には排除の論理が強く働けば働くほど、その組織がもっていた豊かな資産は散失する。それとともに組織は脆弱化の一途をたどる。平城京の時代が晩期には聖武と藤原氏の排除の論理の行使によって、その基盤はゆるぐ。そして右にみたように光仁即位という血統の亀裂を生みだすに至る。

陵墓の風景

右に政争の顛末を略記したが、光仁天皇の陵墓が、平城京のはるか東、今日の奈良市日笠町にあることと関係があるのだろうか。

光仁天皇陵古墳（田原東陵）

天応元年（七八一）十二月に光仁太上天皇が逝去し、翌年の延暦元年に広岡山陵に葬られたと『続日本紀』に記されている。広岡山陵がどこかは、確かめられないのだが、奈良市の北西、京都府笠置町との境界付近に奈良市広岡町があり、そのあたりとする一説がある。もしその場所ならば、平城京時代の歴代天皇の陵墓とは、ずいぶんかけ離れた位置で、平城京のにぎわいは伝わらない。時の天皇である桓武が父親をそんなに遠いところに葬ることに同意したのだろうか。そして、延暦五年（七八六）に日笠町の田原東陵に改葬される。すでに桓武天皇は長岡京遷都を果たしている。

以下、光仁陵についての憶説である。光仁即位の道筋をつけたのは藤原百川という人物である。百川は光仁の継承者として、光仁と夫人の高野新笠との間に生まれた山部親王に期待をかけた。おそらく、右に記した井上内親王と他戸皇太子の追放事件にも百川の意向が強く働いたと思われる。鎌倉時代につくられた『水鏡』によると、その際に光仁天皇は山部親王を後継とすることに同意しなかったらしい。光仁太上天皇が没した時、百川はすでに二年前に亡くなっていたが、百川の意向をくむ者たちによって、山部親王即位に消極的であった光仁の陵墓が平城京から遠く離れた場所に築造されたと思われる。しかし、桓武天皇は長岡遷都によって王権の基盤が安定しはじめた機会をとらえて、先代天皇で父親でもある光仁の陵墓を光仁の父、施基《しき》皇子の墳墓、田原西陵の近くに改葬すべきとする指示をだしたのであろう。

施基皇子が逝去したのは、平城遷都間もない霊亀二年（七一六）である。天智の皇子である故に、平城京から遠隔の地に葬られたと想定できるが、光仁即位後の宝亀元年（七七〇）に春日宮天皇と追尊された。

父施基皇子と息子の光仁天皇の陵墓が寄り添うようにある風景に、政争の排除の論理の影がよみとれる。

第十章　常世という幻景

人間というのは、この世に生まれて、やがて死ぬことをよく知っているのに、人生で名誉などをむやみにむさぼるのをどのように理解したらよいか、考えれば考えるほど、難しい問題である。単純に考えれば、人生の有限など念頭にも、眼中にもないのかもしれない。しかし、人生が無限のような錯覚が、有限である人生を何らかの形で充実させ、それが次の世につなぐならば、駅伝競走の走者のような役割を果たしたことになると自己満足すべきであろう。問題は走り方である。名誉や権力を追う猛獣のような姿に、貧しい精神が露呈する。

人生が無限でありたいという願望をかなえようとしたのが神仙思想である。仙人になるために、深山幽谷で厳しい修行をみずからに課す。そして仙人の住む所を神仙境とよぶ。そこは、険しい山岳かはるかな海の向こうであることが多いが、崑崙山や竜宮城のように架空の場所である。不可能な不老不死を実現するには、現実の場所ではできないからである。

神仙境に相当する和語が「トコヨ」であるが、そのような和語があるというのは、中国の神仙思想が東アジアに拡散・伝播してその土地の文化として受け止められたからであろう。

常世とは

常世（トコヨ）が仙人の住むいわゆる神仙境と同義とするのは、よく知られているように『日本書紀』垂仁天皇崩後条の「常世国は、神仙の秘区、俗の臻《いた》らむ所に非ず」という一節である。しかし「トコヨ」という和語が神仙境の意味を表すまでから、日本列島には神仙境とは別のイメージをもっていたのであろうか。

「トコ」に「常」という漢字を与えたのであるが、『広辞苑』には「とこ（常）」として「いつも変らない、永遠であるの意を表す語」とある。『岩波古語辞典』では「とこ（常）」の説明として、「床」と同根として原義は「土台の意であったと思われる」とある。同辞典の「とこしへ（永久・不変）」の項では「床石（とこし）上（へ）」の意と解釈している。

この説が妥当とすべきかは、なお検討を加えねばならないが、ここではそれに従うとすれば「トコ（常）」とは不動なるものということになろう。「ヨ（世）」に対する『古語辞典』の解釈は「ヨ（節）」と同根か、という想定を示している。たしかに「節」は、『竹取物語』に「ふしをへだてて節（よ）ごとに」という『広辞苑』の引用例があるので、「ヨ（世）」は人の一生のことをいうものと解することはできる。とすれば、「常世」（トコヨ）とは、不動なる人生、つまりは「永遠の生」をいうとしてよいと思われる。

しかし単純に右のように「とこよ」という言葉の意味を解釈してよいかどうか疑問の余地が残る。折口信夫の「妣が国へ・常世へ――異郷意識の起伏」という論考に「とこよの意義」という一節がある。「とこよ」の「とこ」については「絶対・恒常或は不変の意」としているが「よ」の意義は幾度かの変化を経て、ことごとくその過程を含んできたために「とこよ」の内容が極めて複雑なものになったという。「よ」について折口は次のように説く。

「よ」という語の古い意義は米あるいは穀物をさしたもので、後には米の稔りを表すようになった。「とし」という語が米・穀物の義から出て「年」を表すようになったと見る方が正しいのと同じように、これと同義語の「よ」が齢・世などという義を分化したものとみられる。

「よ」という原義について折口の解釈を『古語辞典』には見出せないが、しかしすでにみたように「節」というのは「季節」という熟語からもおのずから知ることができるように、一定の「月日」を区切ることばであるから、「年」に「よ」のことばの源流を求めてよいのではないかと、折口説に誘われる。

だから折口は「とこよ」は、古くは長寿者をさすことばであって、長寿の国から出たことばと説くのは逆であるという。

「常世」（トコヨ）ということばの意義についての詮索は右のような見通しをえることができたとして、日本列島に中国あるいは朝鮮半島から神仙思想が伝わる以前に「常世」という長寿を希求する思想があったかという、冒頭の問題提起にどのような答えを準備すべきであろうか。

例えば次の万葉歌の「常世」（原文「常呼」）は、神仙の住む楽土のイメージではない。

大伴坂上郎女、跡見庄《とみのたどころ》より、宅《いへ》に留《とど》まれる女子《むすめ》の大嬢《おほいらつめ》に賜ふ歌一首　并に短歌

常世にと　わが行かなくに　小金門《をかなと》に　もの悲しらに　おもへりし　わが児の刀自《とじ》を
ぬばたまの　夜昼といはず　思ふにし　わが身は痩《や》せぬ　嘆くにし　袖さへ濡れぬ
かくばかり　もとなし恋《こ》ひば　古郷《ふるさと》に　この月ごろも　ありかつましじ

（巻四―七二三）（短歌略）

大伴坂上郎女が跡見庄に滞在したときに自宅にいる娘を恋しく思う歌であるが、「常世に私が行くというのではないのに門の前で悲しそうに思っていたわが娘」とよまれていて、「常世」に行くことは悲しいところにおもむくのだという意識があった様子がくみとれる。おそらくこの場合の「常世」とは、帰ることのできない、遠い異界であることを連想させる。仙人の住む神仙境には右の万葉歌に歌われたような悲しみの情感がともなわない。

「常世」を歌った万葉歌の中では、右にあげた一首を除いては、そのような悲壮感をともなわない。しかし「異界」としての「常世」の意味は、どの歌にもモチーフのちがいがあるとしてもよみこまれていることは、いまさらいうまでもない。ただ次の一首は「常世」の原型をとどめているのではないかと思われる。

大伴宿禰三依《みより》　離《わか》れてまた逢ふを歓《よろ》ぶる歌一首

吾妹子は常世の国に住みけらし昔見しより変若《を》ちましにけり（巻四―六五〇）

大伴三依という官人が久しぶりに会った女性に「変若ちましにけり」という印象をよんでいるが、それは常世の国に住んでいたからだろうかという。「変若《を》ち」とは若返りのことをいうが、本来神仙思想は不老不死であっても若返りの観念は含まれない。とすれば常世の国が「変若」をもたらすというのは、むしろ日本列島で想念された「常世」の一つの特質ではなかったかという思いをいだかせる。

「変若ち」と関連してニコライ・ネフスキーや折口信夫、石田英一郎が論をなし、さらに和田萃もすでに言及しているので、ここではそれらについてくりかえす必要はないであろう。

常世の所在

「常世」が日本列島において次第に神仙思想とつながり、先にみたように「神仙の秘区」という解釈を付されるにいたるのであるが、もとをさかのぼると「常世」は日本列島に住む人々にとってどこにあるとみられていたのであろうか。

最も通説的な考え方に立てば「常世」は海のかなたにあるとされてきたし、それに見合う民俗例は数多くある。しばしばとりあげられる沖縄・奄美のニライカナイやその類例に含まれる、海のかなたの神々の居処などは「常世」に関わるものであろう。

海に関わる「常世」の観念は、古く海洋民たちによって広範囲にアジア各地で共有されたと想像でき、それが「ニライカナイ」とか「トコヨ」というローカルな異界観念を生みだしていったが、後に中国から強い文化伝播のベクトルが東アジアの各地に向かったとき神仙思想につつまれかつ習合していったことも容易に想像できる。

大伴旅人がよんだ肥前国松浦川での歌などは、冒頭の歌に付された「松浦川に遊ぶ序」は、『遊仙窟』などを参照して綴られたと指摘されていることから、神仙思想の影響が強く及んでいる。

松浦の仙媛《やまひめ》の歌に和《こた》ふる一首

君を待つ松浦の浦の娘子《をとめ》らは常世の国の天娘子《あまをとめ》かも（巻五―八六五）

歌の素材となった風景は海浜であり、歌意から知られるように「常世」＝「神仙境」は海のかなたに求められている。同様の事例はわれわれになじみ深い浦島太郎の原像を歌った「水江の浦島の子を詠める一首　并に短歌」（巻九―一七四〇・一七四一）にみる「常世べ」と「海若《わたつみ》の神の宮」をあげることができる。ただし細部にこの浦島伝説をとりあげると単に海のかなたに「常世」が存在したのではなく海底を意識されていることは注意しておく必要があろう。つまり「海若の神の宮」は記紀の海幸・山幸神話で語られる海底の宮のことに似ている。したがって「海若の神の宮」は海のかなたの「常世」というだけではなく海底の宮殿というイメージとしてとらえられる。だから「常世」といっても各地においてさまざまな意味的変差をもって語られていたのであるが、総じていえることは海洋民あるいは漁撈民によって伝承・伝播された文化である。

ところが、このように固定化して「常世」と海の関係をとらえてしまうと、山間部に「常

吉野宮滝遺跡から南山を望む

世」はなかったのかという疑問がわく。例えば古代の吉野（現在の奈良県吉野郡）は、神仙境に擬せられていたことは『懐風藻』の詩篇によって知られる。だが、吉野の地が山岳地帯であるから盆地からみて異界的空間として古代の人々が感じとったようにも思われるが、私は紀ノ川からさかのぼって吉野に入った魚撈民が神仙思想をもたらしたのではないかと思う。その理由らしきことをやはり万葉歌に求めてみたい。

仙柘枝《やまひとつみのえ》の歌（三首の中）

あられふり吉志美《きしみ》が嶽を険《さが》しみと草とりはな
ち妹が手を取る

右の一首は、或は云はく、吉野の人味稲《うましね》の柘枝仙媛《つみのえやまひめ》に與へし歌そといへり。但し柘枝伝を見るに、この歌あることなし

（巻三―三八五）

垂仁天皇陵古墳

三首のうち一首のみをあげるにとどめたが、味稲という人物は吉野の川に梁《やな》をしつらえたところ柘《つみ》（桑の木の一種）が流れてきて、それを拾いあげたところ女性となって味稲とともに過ごしたが、後に天女となって飛び去ったという吉野地方に伝わった民話をもとにした歌である。ここにおいて味稲という男性は梁を作ったとあるので、本来は魚撈民という役割をになっていたのではないだろうか。吉野が「常世」＝神仙境と位置づけられた過程を右のように憶測すればやはり本来の「常世」のありかは海に関わることをもって第一義とすべきであろう。

『日本書紀』神代上にスクナヒコナミコトはオホナムチミコトとの国作りの後、熊野の御崎から「常世郷」あるいは淡島（鳥取県か）で栗茎にのって、はじかれて「常世郷」に至ったとあるのも、いずれも海上他界としての「常世」である。また『日本書紀』の神武東征伝承にミケイリノノミコト（神武の兄とする）は、熊野で浪の秀《ほ》をふみ「常世郷」に向かったとある。同じく『日本書紀』垂仁天皇二十五年条にはアマテラスの鎮座する伊勢の地を「常世の浪の重浪《しきなみ》帰する国なり」と記している。さらにすでにみた同天皇崩後年条における田道間守《たぢまもり》が出むいた常世国は「遠くより絶域に往《まか》る。萬里浪を踏みて遙に弱水を渡る」ところにあったと伝える。この表現からも海のはるかかなたの地に常世国があったというイメージをいだかせる。この伝承によるらしく、垂仁天皇陵古墳は「宝来山」と呼ばれてきた。「宝来」は後にふれるように神仙郷の「蓬莱」のことである。

地図に書かれた「常世」の島

日本列島を描いた古式の地図として行基図（あるいは行基式日本図）はよく知られている。この行基図は、いく度となく転写され、変容されて近世に至るまで伝えられていくが、その一系列の行基図として十四世紀初頭に作図されたと推定されている「称名寺蔵日本図」（金沢文庫）がある。この「称名寺蔵日本図」は国土を龍がとりかこむという特異な表現が一つの特色であるが、それとともに、龍の図像の外側に地理的実体のない二つの異域が表現されている。一つは「羅刹国《らせつ》」、もう一つは「雁道」である。前者の「羅刹国」については、ここでは詳細な説明を省略するが『今昔物語集』巻五第一話「僧迦羅・五百の商人、共に羅刹国に至れる語」を典拠にしていることは指摘されている。ところが近年今まで不明とされてきた「雁道」をめぐって、二、三の論考が報告された。「雁道」についての表記の全文は「雁道　雖有城非人」とあって「称名寺蔵日本図」では日本国土の北方に陸地の一部として描かれている。地図作成史の視点から秋岡武次郎は「わが国では古くから雁は夏は北方の常盤（磐）島に住むと考えられていたが、この常盤島と雁道の関係は不明であるとして、明確な結論を保留した。「常盤（磐）島」の意味が判然としないのであるが、おそらく古来雁の故郷と伝承されている「常世（島）」のことであろう。「雁道」ということばの意味が不明であるがおそらく雁が渡ってくる道筋にあたると空想された地名であるとみられる。この「雁道」についての一説は応地利明によって提起された。「羅刹国」同様『今昔物語集』に典拠があるとし、巻三第十一話「釈種、龍王の聟と成れる語」の内容が地図上の「雁道　雖有城非人」にほぼ合致するとした。説話の内容と地図上の類似点は釈種を乗せた大雁が未知の土地に降り立つこと、そこで「龍の娘」が「人の形」に姿を変えて仲むつまじい関係になる、つまり「龍の娘」は「人に非ず」に相当すること、さらに釈種は国王を殺し「龍女」を后とするため「龍王の宮殿」と本国とを往還するのであるが、その「龍王の宮殿」を「城」とみなしうることである。

以上応地説の概容を示すにとどまったが、常世の鳥とされる雁と、常世という楽土を示す「龍王の宮殿」（龍宮）は、まさに地図に表現された「常世」であった。

「龍王の宮殿」は「龍宮」のことであるが、「龍宮」という漢語とその発想は仏典に由来するので、「常世」の鳥である雁が「龍宮」と結びつくに至るには、神仙思想的な「常世」の概念が仏教化したことによる。同様に浦島太郎の「竜宮城」も、『日本書紀』雄略天皇二十二年条に浦島子が女に化した大亀とともに海に入り蓬莱山《とこよのくに》に至ったとあるように、原型の神仙境的楽土が仏教的な改変を経たものである。同様の事例は先にふれた熊野から常世に渡ったという神武紀などの伝承であるが、これも後に、観世音菩薩の補陀落渡海の信仰に変化したことにみることができる。さらに今一つの例をあげるとすれば、池の中に三神山などの神仙の住む島を配した庭の原型が、仏教寺院の中で浄土の庭として造園されていったことである。

常世＝神仙境に見立てる

「藤原宮の役民の作る歌」（巻一―五〇）に「寄し巨勢道《こせじ》より　わが国は　常世にならむ

図負《ふみ》へる　神《あやし》き亀も　新代《あらたよ》と……」とよまれたように国土が「常世」であろうと文様を背に描いた神々しき亀が新しい時代として現れてくるという。ここにおいては亀は背に蓬莱山を負うという中国の故事をふまえていて、「常世」は神仙境そのものとみなされる。

先にふれたが現実の藤原宮は耳成山、香具山、畝傍山の三山をとりこんで造営されたもので、中国の東方に浮かぶとされた三神山を見立てたものであった。藤原宮以後平城宮も元明女帝の遷都詔にいうように三山を以て鎮としたのも、宮そのものが神仙境とみなす認識が継承され、さらには平安宮も舟岡山、双ヶ丘、神楽岡を三山としたという説も認めてよいであろう。ただし、古代の宮（あるいは京全体をも含めてよいと思われるが）において、三山を神仙境とみなすシンボルとしたが、仙人の住まいは「天」であるとされたので、宮都は「天」であった。というのは畿外をあらわす鄙に冠せられる枕詞は「天離《ざか》る」であるからだ。元明女帝の平城遷都詔には、三山のことと、さらに「四神図に叶う」地であることを述べている。青龍・朱雀・白虎・玄武の四神は『淮南子』天文篇、『史記』天官書にあるように天空世界の四方を守護する神であることと同じ次元で認識しておいてよいであろう。

さて、右に記したように日本古代の宮都を、三神山を配置した神仙境＝常世と見立てながらも、場所としての認識は「天」であった。それは「天皇」号に関係すると考えられる。

「天皇」号は道教の最高神で宇宙をつかさどる「天皇大帝」に由来するという説に従うと、「天皇」は天帝として位置づけられていたということになる。日本の宮都の平面形は中国のそれをモデルにしたとみてよいが、中国の場合、皇帝は天帝の命をうけた天子が地上を治めるのであって都城は天空世界を模して地上に実現したものである。そのような観点から日本の宮都と中国の都城の思想的背景を探るとすれば、前者は観念的に「天」そのものであるべき存在であったのに対し、中国の都城は天上界の天帝の居処を地上にコピーしたものというちがいを指摘することができる。

「常世」が、だれでも願う理想の境地であるといえるかもしれないが、それが幻想にすぎないことも、だれでもわかっている。それでも「常世」でありたいと思うのは、「生」の対極にある「死」をしりぞけたいという気持ちがあるからだ。だが、古代の天皇やその周辺の人々だけではなく、多くの人々が「無常観」をもっていたことは、万葉歌からうかがうことができる。

　月移りて後、秋風を悲しび嘆きて家持の作る歌一首

うつせみの世は常なしと知るものを秋風寒み偲びつるかも（巻三―四六五）

この世は無常だと知っていながらも、寒い秋風に、亡き人のことを偲んでしまうという意味。そこで私は考え込むのだか、「常世」という永遠願望と「無常」というはかないこ

の世との間を振り子のようにゆり動きながら、営みつづける「生命」とは、いったいなにかと。「常世」は道教の、「無常」とは仏教の思想として腑分けしたところでさほど大きな意味はない。むしろ、この二つの相反することばを、日々の生活でいかに使いわけられるかということではないだろうか。

それは、限られた人生という時間の中で、「常世」という永遠の境地を感じることのできる瞬間に心を遊ばせる工夫であろう。ひと時でも、そのような人生という時間にしばられない空間にいることができれば、人々は、「名誉」や「権力」という欲望から解き放たれる悦びを真に味わえるのだ。

あとがき

本書に収めた十篇の小論は、これまでに求められるままに、雑誌や新聞に寄稿した文章をもとにして大幅に補筆したものであるが、とりわけ本書は、大和の古代に視点を定めて編んだ。

歴史地理学を専攻して以来、私の胸中には歴史叙述において空間がどのような意味をもつか自問の日々が続いた。地図を素材として歴史時代の景観復原がなされていたならば、それでよしとするわけにはいかなかった。復原された空間が歴史をどのように説明できるか、私はそれを模索し続けてきたようであると、心もとなく、ふりかえりつつある。

本書のタイトルにも「風景」ということばを使ったのは、地図に寄り掛かるような地理学の表現手法を少しでも克服し、空間を地図的平面上ではなく、視覚的・立体的にとらえたいという気持ちがあったからである。そのことによって歴史の現場において歴史地理学こそが歴史を語るべきだという期待があるからなのだ。

本書の「あとがき」で歴史地理学について深刻な議論をするのは、ふさわしくないかもしれない。むしろ、多くの人々が歴史の現場に足を運んでいただくことによって、私が歴史地理学を風景ということばでとらえなおそうとする意図を直感的に理解していただけると信じたい。

もっと気楽にいうならば、目の前の風景から歴史を探り出すということであろう。「古代の風景へ」。

日本文化を再考するための避けがたい旅路なのだ。日本列島の風景史を語るとき、どうしても古代を無視することはできない。

日本がつくられる過程において、古代と明治時代は海外の文化を積極的に受容し、それまでの風景を改変した画期である。この二つの時代の風景をどのように解釈するかが、私にとって最も基本的な課題である。そのためには「近代の風景」も視野に入れておかねばならない。

本書は、私が研究生活をはじめて三十五年余になり、国際日本文化研究センターの退職を来年の春に控えてのささやかな自祝の記録の一つでもある。

恩師、同僚、友人、家族に励まされて、今ここにいることのできる自分をみずから見つめ直してみたい。そうした自省の中から新しいテーマを探しながら私なりの道程をさらに歩みつづけたい。

表紙カバーの気品のある装丁は書家の紫舟さんの作品である。東京の渋谷区にある奈良県代官山iスタジオで対談したご縁による。ありがとうございました。

本書の刊行にさいして、東方出版の社長今東成人氏と北川幸氏から大変なご助力を賜った。記して謝辞としたい。

平成十九年五月

千田　稔

関連文献

赤井達郎『絵解きの系譜』教育社、一九八九年。
秋岡武次郎『日本地図作成史』鹿島研究所出版会、一九七一年。
明日香村教育委員会「酒船石遺跡　第十二次調査」明日香村教育委員会、二〇〇〇年。
応地利明『絵地図の世界像』岩波書店、一九九六年。
岡村秀典「卑弥呼の鏡」都出比呂志他編『邪馬台国の時代』木耳社、一九九〇年。
小澤　毅『日本古代宮都構造の研究』青木書店、二〇〇三年。
「折口信夫全集」（第一巻、第二巻）中央公論社、一九七五年。
『角川地名大辞典』（29奈良県）角川書店、一九九〇年。
喜田貞吉『帝都』日本学術普及会、一九三九年。
川村二郎「『死者の書』について」『三田文学』一九六一年十月。
岸　俊男『日本古代宮都の研究』岩波書店、一九八八年。
栄原永遠男『天平の時代』集英社、一九九一年。
坂本太郎『聖徳太子』吉川弘文館、一九八六年。

千田　稔『平城京の風景』文英堂、一九九七年。

千田　稔『王権の海』角川書店、一九九八年。

滝浪貞子『帝王聖武』講談社、二〇〇〇年。

伊達宗泰『「おおやまと」の古墳集団』学生社、一九九九年。

田中　琢編『古都発掘』岩波書店、一九九六年。

寺沢　薫「纏向遺跡と初期ヤマト政権」『橿原考古学研究所論集第六』吉川弘文館、一九八四年。

内藤湖南『日本文化史研究』講談社、一九七六年。

長谷川政春「折口信夫の神―その身体性の意味」『東横国文学』一五、一九八三年。

　同　「唱導文学論―折口信夫の視座―」『折口博士記念古代研究所紀要』四、一九八三年。

　同　「史論・小説・語り手―『死者の書』論のための序章」『東横国文学』一六、一九八四年。

福永光司『道教と日本文化』人文書院、一九八二年。

福永光司『道教と古代日本』人文書院、一九八七年。

福永光司『タオイズムの風』人文書院、一九九七年。

黛　弘道「延喜式神名雑考―兵主神社について―」『律令国家成立の研究』吉川弘文館、一九八二年。

村井康彦「王権の継受―不改常典をめぐって」『日本研究』一集、国際日本研究センター、一九八九年。

柳田国男『海上の道』岩波書店、一九七八年。

和田　萃「古代日本における鏡と神仙思想」、森浩一編『鏡』日本古代文化の探求、社会思想社、一九七八年。

初出一覧

第一章「おおやまとの宗教的環境」（伊達宗泰編『古代「おおやまと」を探る』、学生社、平成一二年〈二〇〇〇〉）
第二章「聖徳太子　孤高の賢者」（『環』九、藤原書店、平成一四年〈二〇〇二〉）
第三章「飛鳥の亀形石造物を考える」（『東アジアの古代文化』一〇五号、大和書房、平成一二年〈二〇〇〇〉）
第四章「北辺の『発見』」（『イズ』六三号、ポーラ研究所、平成六年〈一九九四〉）
第五章「キトラ古墳と渡来文化」（『東アジアの古代文化』九七号、大和書房、平成一〇年〈一九九八〉）
第六章『大藤原京』実在の可能性」（『読売新聞』大阪本社版、平成八年〈一九九六〉五月二二日号

夕刊)、「藤原京の情報幹線、橿原市の中ツ道遺稿」(『朝日新聞』大阪本社版、平成一五年〈二〇〇三〉六月二七日号夕刊)

第七章　「なぜ、平城京に遷都したか」(奈良県・平城遷都一三〇〇年記念二〇一〇年委員会編『平城京』小学館、平成一三年〈二〇〇一〉)、「平城京における新発見の意義」(『毎日新聞』大阪本社版、平成一七年〈二〇〇五〉九月五日号夕刊)

第八章　書き下ろし

第九章　「野心を隠して敵愾心を削ぐ」(『歴史街道』平成一六年〈二〇〇四〉一月号)

第十章　「常世と神仙境」(『東アジアの古代文化』一一六号、大和書房、二〇〇三年)

千田 稔（せんだ・みのる）
文学博士。
国際日本文化研究センター教授　奈良県立図書情報館館長。
京都大学大学院文学研究科博士課程を経て、追手門学院大学助教授、奈良女子大学教授を歴任。
受賞　浜田青陵賞、日本地理学会優秀賞、奈良新聞文化賞。
主要著書
『古代日本の歴史地理学的研究』岩波書店、『平城京の風景』文英堂、『王権の海』角川書店、『邪馬台国と近代日本』ＮＨＫ出版、『亀の古代学』（共編）東方出版、『日本の道教遺跡を歩く』（共著）朝日新聞社、『飛鳥・藤原京の謎を掘る』（共編著）文英堂、『地名の巨人　吉田東伍——大日本地名辞書の誕生』角川書店、『伊勢神宮——東アジアのアマテラス』中央公論新社、『地球儀の社会史』ナカニシヤ出版。

古代の風景へ

2007年７月19日　初版第１刷発行

著　者——千田稔

発行者——今東成人

発行所——東方出版㈱
〒543-0052　大阪市天王寺区大道１-８-15
Tel. 06-6779-9571　Fax. 06-6779-9573

印刷所——亜細亜印刷㈱

落丁・乱丁はおとりかえいたします。

ISBN978-4-86249-075-9